加藤恭子

昭和天皇と田島道治と吉田茂

初代宮内庁長官の「日記」と「文書」から

人文書館

Liberal Arts
Publishing
House

昭和天皇の全国巡幸。東京駅に九州から戻り、吉田首相らが出迎える
昭和天皇(中央)、吉田茂(前列)、田島道治(後列)
(昭和二十四年六月十二日写す)［毎日新聞社提供］

滋賀県への巡幸。
近江ベルベットの工場で製品を御覧になる昭和天皇
(昭和二十六年十一月十六日写す)［毎日新聞社提供］

日本国憲法施行三周年記念式典に、天皇皇后両陛下を迎え、式辞を読み上げる吉田首相
（昭和二十六年五月三日写す）
［毎日フォトバンク＝PANA］

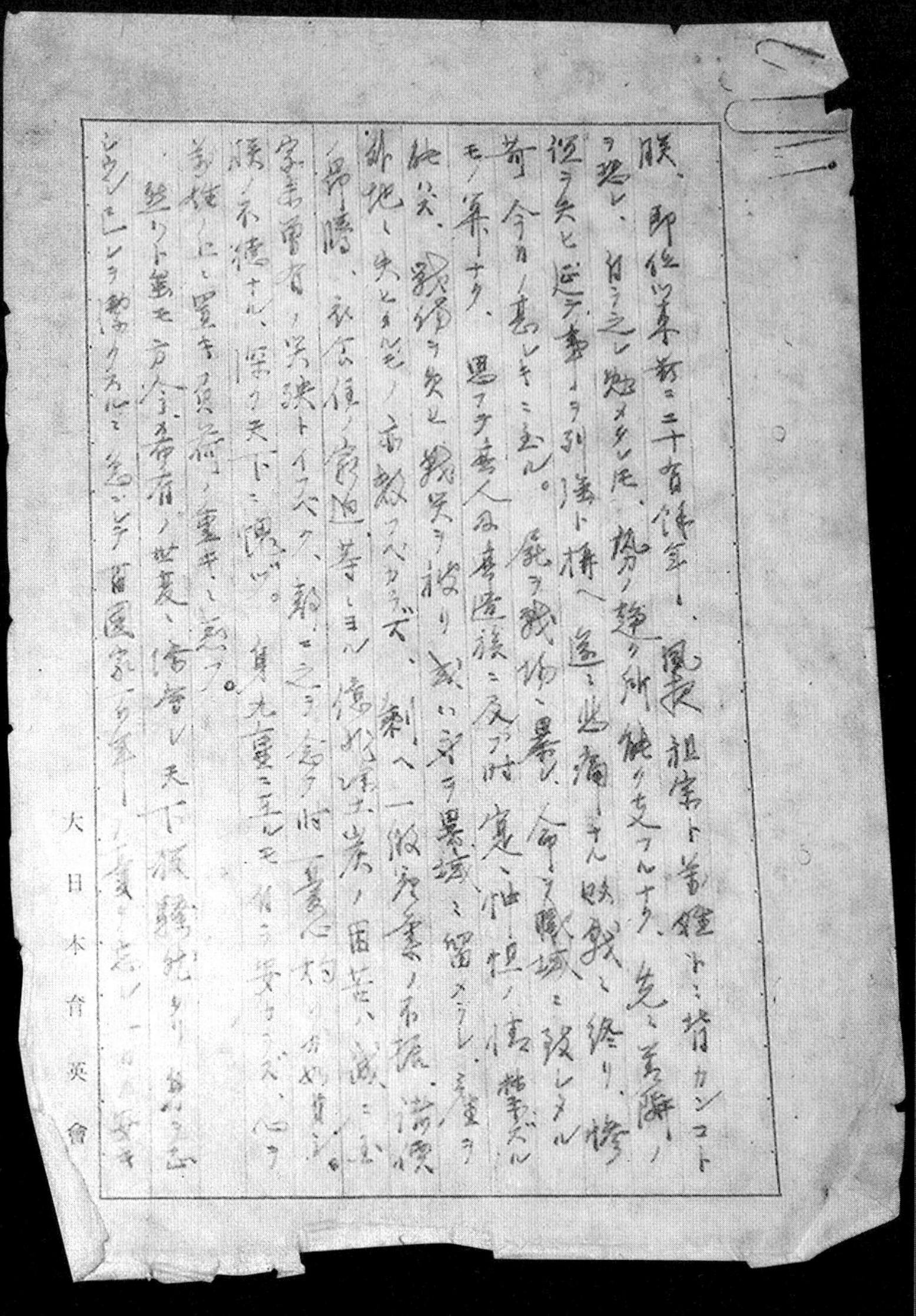

朕、即位以来茲ニ二十有余年、夙夜祖宗ト萬姓トニ背カンコトヲ恐レ、自ラ之レ勉メタレドモ、勢ノ趨ク所能ク支フルナク、先ニ善隣ノ誼ヲ失ヒ延テ事ヲ列強ト構ヘ遂ニ悲痛ナル敗戦ニ終リ、惨苛今日ノ甚シキニ至ル。屍ヲ戦場ニ暴シ、命ヲ職域ニ致シタルモノ算ナク、思フテ其人及其遺族ニ及ブ時寔ニ忡怛ノ情禁ズル能ハズ。戦傷ヲ負ヒ戦災ヲ被リ或ハ身ヲ異域ニ留メラレ産ヲ外地ニ失ヒタルモノ亦数フベカラズ。剰ヘ一般産業ノ不振、諸価ノ昂騰、衣食住ノ窮迫等ニヨル億兆塗炭ノ困苦ハ誠ニ国家未曾有ノ災殃トイフベク、静ニ之ヲ念フ時憂心灼クガ如シ。朕ノ不徳ナル、深ク天下ニ愧ヅ。身九重ニ在ルモ自ラ安カラズ、心ヲ萬姓ノ上ニ置キ負荷ノ重キニ惑フ。
然リト雖モ方今希有ノ世変ニ際会シ天下猶騒然タリ。身ヲ正シウシ己レヲ潔クスルニ急ニシテ国家百年ノ憂ヲ忘レ一日ノ安ヲ偸ムガ如キ

大日本育英會

昭和天皇の

ヲ偸ムカ如キハ眞ニ將ヲ責ムル所以ニアラス 之ヲ内外各般ノ情
勢ニ稽ヘ 敵ヲ挫キ時艱ニ當リ 德ヲ脩メテ禍ヲ除キ 衆ヲ併
セテ戦ヲ撥ヒ 旋ヘシテ皇運ノ再建、皇威ノ宣揚、國體ノ護持ヲ期シ 以テ祖
宗及蒼生ニ謝セントス 中外ノ前途ヲ審ニシ 國ノ志ヲ論トシ
同心協力各其天職ヲ盡シ以テ非常ノ時局ヲ克服シ 皇猷ヲ
恢弘翼賛セシメンコトヲ庶幾フ

大日本育英會

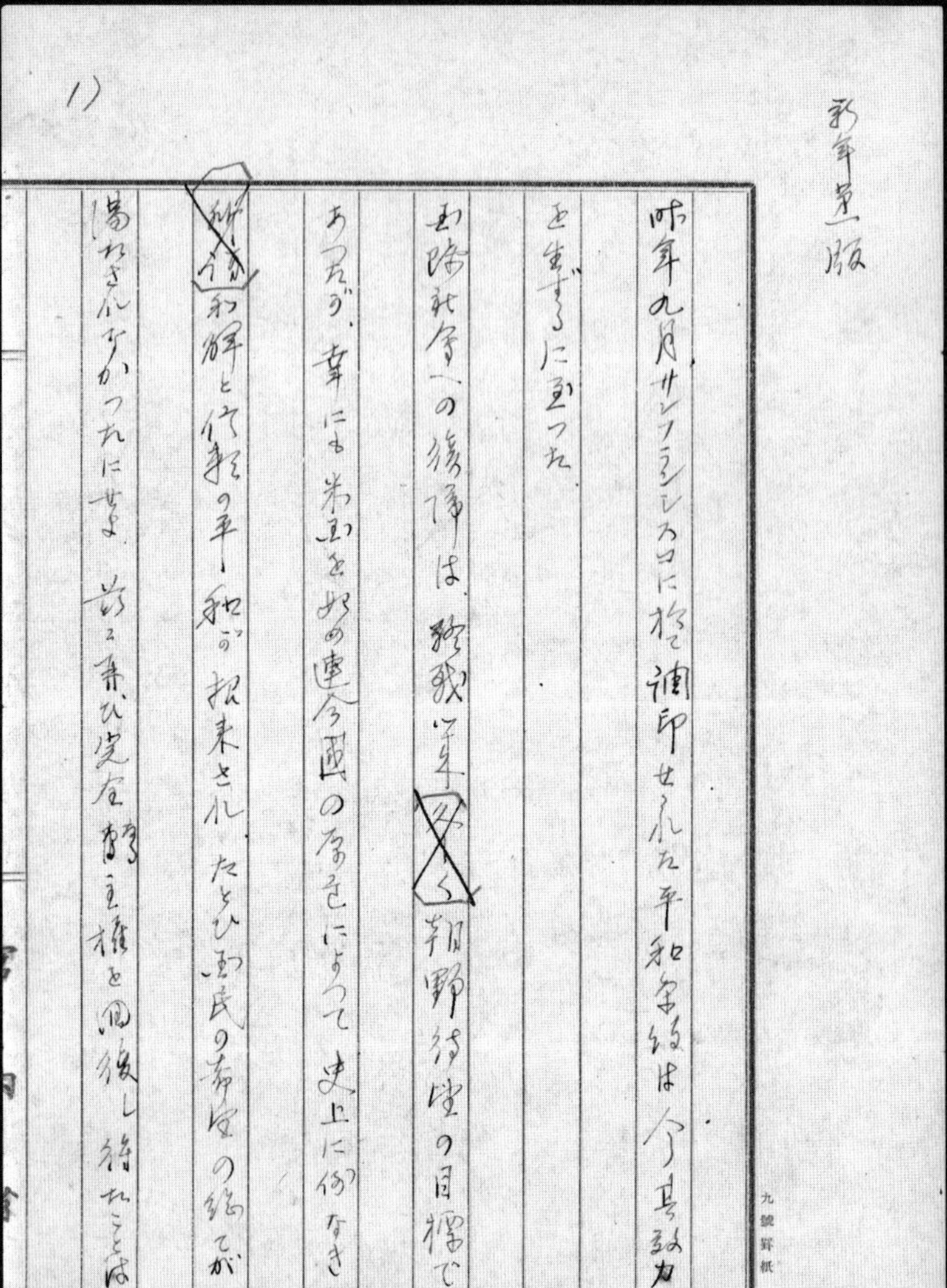
1)

新年草版

昨年九月サンフランシスコに於て調印せられた平和条約は今其効力

を生ずるに至つた

国際社会への復帰は我が~~久く~~朝野待望の目標で

あつたが、幸にも米国を始め連合国民の厚意によつて史上に例なき

~~寛容~~和解と信頼の平和が招来され たとひ国民の希望の線まで

満たされなかつたにせよ 茲に再び完全なる主権を回復し得たことは

九號箋紙

おことば案Ⓐ
（日付不詳。
昭和二十七年一月二日か）
［田島恭二氏提供］

2)

~~誠に~~忠心日夜~~のあまり~~に堪えず、又浮薄なる政治の意を表せざるを得ない。

今や世界は未曾有の擾乱に際し、我国の前途は甚だ遠く~~我~~

国民の責務は~~金甚~~重きを加へ、正に国を挙げて~~大に~~覚悟を新たにすべき秋である。

抑、文化を治平に求め、内、国民の幸福を増し、外、国際の親睦を厚くするは、固と我が為是であり、又即位以来の宿願であるにも拘ず事志と違ひ、時流の激する所、遂に鋒を米英と交へ今次の悲痛なる敗戦に終り、生命、身体、財産に及ぼせる戦禍の犠牲は~~[illegible]~~甚大を極め、~~[illegible]~~思想の混乱、経済の動揺等による一般の不安、痛苦又名状すべからず、一念~~[illegible]~~之に及ぶときまことに憂心灼くの思ひがある、萬姓、未然に之を止め得ず、深く之を祖宗と萬姓に愧ちる天下に謝すへからす。

先きに四国共同宣言を受諾し、以て萬世の為に太平を開かんとし、ぬ何等の犠牲も辞せすと心ひそかに期しつゝも、敢て挺身時艱に当り、爾来今年余を閲したる所以のものは一に終戦直後の内外の実勢之を許さす、特に一日の猶豫を容さば國に内争の憂を遺すの惧れがあつたからにほかならない。此間終戦

に際しての覚悟は平和克復の今日に至る迄常に新たであるが、
一方宇内の情勢は日一日急なるの大局に鑑み、広く世論に
察し直言に徴し、又深く自ら省み自ら責め、沈思熟慮の末
更に増すつて負荷の重きに任へ、時局の難を救ひ、折つて国運
の隆昌と民衆の福祉に寄与せんとするこそ、真に国を愛し公に殉
ずる所以と決意するに至つた。
延て又世界の平和、人類の幸福に

貢献し得るが如きを将来に備ふるに足らば幸之に過ぐるものはない。

新日本の建設の使命は全国民の双肩にかかり 全国民の私衷協同によって始めて達成せられる大事業である。任は重く道は遠き事国民統合の核心として常に国民と共に在り再建を心に掛けて朝夕致すとして只ゞ逮ばざるを懼るるのみである。希くは国民各天職

7)

其職に従ひ本分を盡し、相携へて世業を大成し以て家郷共栄の楽を偕にせんことを。平和成るの日に当り、意の存する所を披瀝し共に倶に事を務め業に励まんことを庶幾ふ。

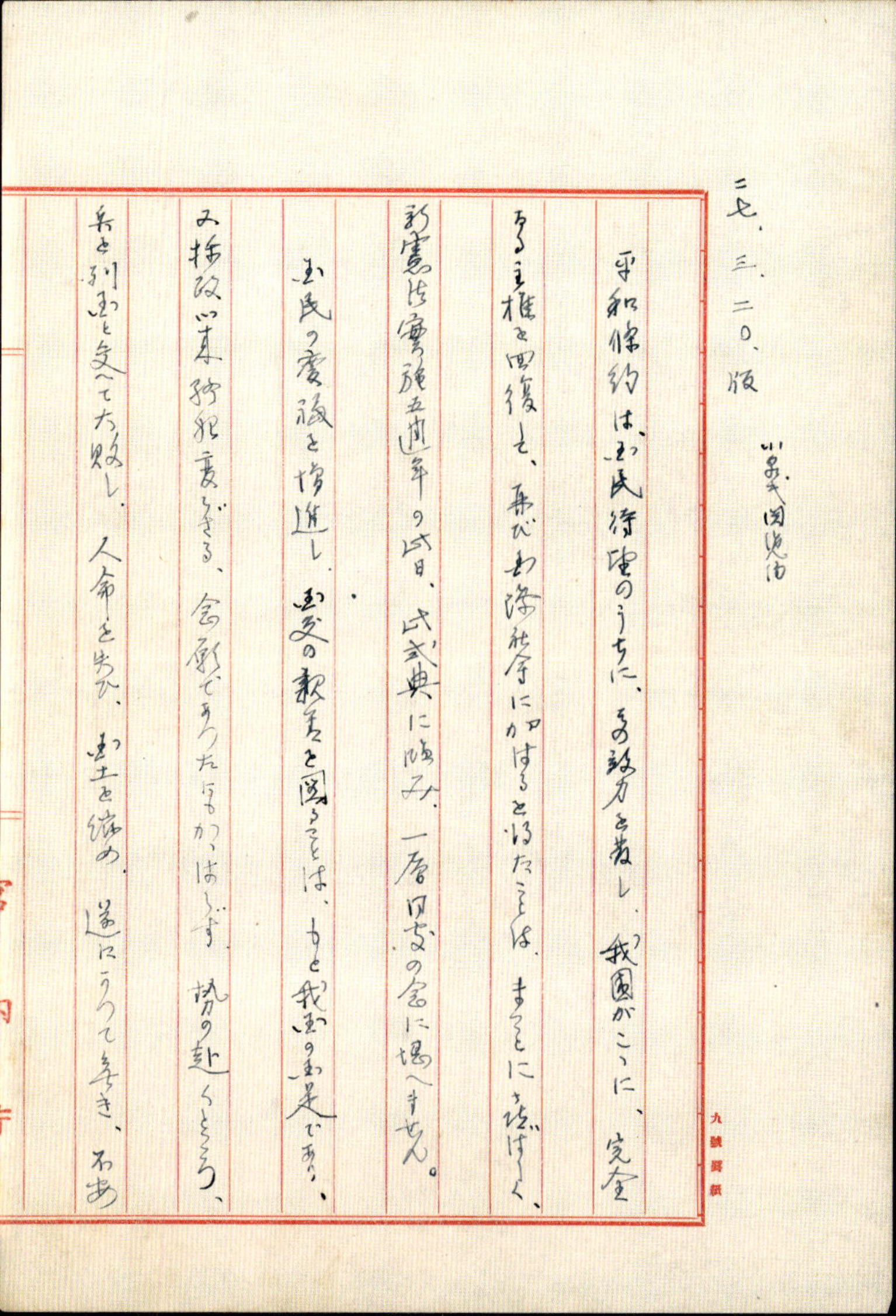

二七、三、二〇、版

小泉、田島道治

平和條約は、国民待望のうちに、その効力を発し、我国がここに、完全なる主権を回復して、再び国際社会に加はることを得たことは、まことに喜ばしく、新憲法実施五周年の此日、此式典に臨み、一層同慶の念に堪へません。

国民の康福を増進し、国交の親善を図ることは、もと我国の国是であり、又摂政以来終始変らざる、念願であつたにもかかはらず、勢の赴くところ、兵を列国と交へて大敗し、人命を失ひ、国土を縮め、遂にかつて無き、不安

おことば案Ⓑ
昭和二十七年三月二十日付)
田島家蔵]

と困苦とを招くに至ったことは、先世の先迹（歴史の必跡）に顧みて悔恨悲痛、寝食為めに安からざるものがあります。

さきに、萬世の為めに、太平を開かんとなさし、四国共同宣言を受諾して以来、歳を閲すること六年有余、米国を始め連合国の厚意と、国民各位の努力とによって、遂にこの喜びの日を迎ふることを得、実に感慨無量であります。 こゝに内外の協力と誠意とに、心よ

別けても
の意味の
適當なき
や

感謝し…又わけても精戦争による、多数の犠牲者に対しては、更めて深甚なる哀悼と
同情の意を表します。今後此際、敗績の由って来たるところを、
深省して、相共に戒慎し、過ちを再びせざることを、心に期すべき
であると思ひます。
今や世局は、和平への機に際し、前途なほ多難ではあるが、
徒らに明日を喜ぶことなく、深く人類の福祉と、之に対する現代の、

事務と共に思ひを致し、国際の信義を守って、世界の平和を旨とし、同心協力、事に当るに於ては、民族の安栄を確保し、隣邦の協和を招来せむ以て新憲法の精神を発揮し、新日本建設の使命を達成することは、期して待つべきであります。すべからく、気風を新たにして、民主主義に徹し、秩序を尚び、責任を重んじ、東西の文化を綜合して、国本に培ひ、（各般の産業）殖産通商を盛んにして、民力を養ひ、邦家の進運に寄與し、人類の福祉に貢献すべきであると思います。

この時に当り、身寡薄なれども、学海に寄し、既往を顧み、沈思熟慮、敢て自らを励まして、負荷の重さに堪へんことを期し、只り扱及ばざることを懼れて居ります。希くは、共に分を盡し、専に励み、相携へて、出版事業の志業を大成し、以て永く其慶福を共にせんことを、切望して已みません。

二七、三、二三版

平和條約は、國民待望のうちに、その効力を發し、我國がここに完全なる主權を回復して、再び國際社會に加はるを得たことは、まことに喜ばしく、新憲法實施五周年の式日、式典に臨み一層同慶の念に堪へません。

國民の康福を增進し、國交の親善を圖ることは、もと我國の國是であり、又摂政以来終始変らざる、念願であつたにかゝはらず、

おことば案©
（昭和二十七年三月二十三日付）

（事志と違ひ）勢の赴くところ、兵を列国と交へて大敗し、人命を失ひ、国土を縮め、遂にかつて無き不安と困苦とを招くに至つたことは、国史の成跡に顧みて、悔恨悲痛、寝食為めに安からぬものがあります。

さきに、万世の為めに太平を開かんと決意し、四国共同宣言を受諾して以来、年を閲すること七歳、米国を始め連合国の厚意と、国民不死の努力とによつて、遂にこの喜びの日を迎ふることを得、寔に感慨無量であります。ここに、内外の協力と誠意とに、心より感謝すると共に、傷けても戦争による、多数の犠牲者に対しては、更めて深厚なる哀悼と同情の意を表します。なほ従来、政績の由つて来つたところを深く省み、相共に戒慎し、過ちを貳びせざることを、心に誓ふべきであると思ひます。

コノ方ヨシ

今や吾等は、非常の機に臨み、前途もとより多難ではあるが、徒に明日を憂ふることなく、深く人類の禍福と、之に対する現世代の責務とに、思ひを致し、同心協力、事に当れば、時局の難を克服するのみならず、新憲法の精神を発揮して、新日本建設の使命を達成することは、期して待つべきであります。すべからく、民主主義に徹して、国際の信義を守るの覚悟を新たにし

マノ3
ヨコし

東西の文化を綜合して、世界に播き、~~外務の精華~~（通商強達）を振興して、民力を培ひ、以て邦家の安栄を確保し、世界の協和を招来すべきであると思ひます。

この時に当り、予寡薄なれども、既往を顧み、未来に察し、沈思熟慮、敢て自らを励まして、負荷の重きに任へんことを期し、只々力の逮ばざるを恐れて居ります。

希くは、共に分を盡し

事に励み、相携へて、吾家発達の志業を大成し、以て永く其慶福を共にせんことを、切望して已みません。

田島道治
［田島恭二氏提供］

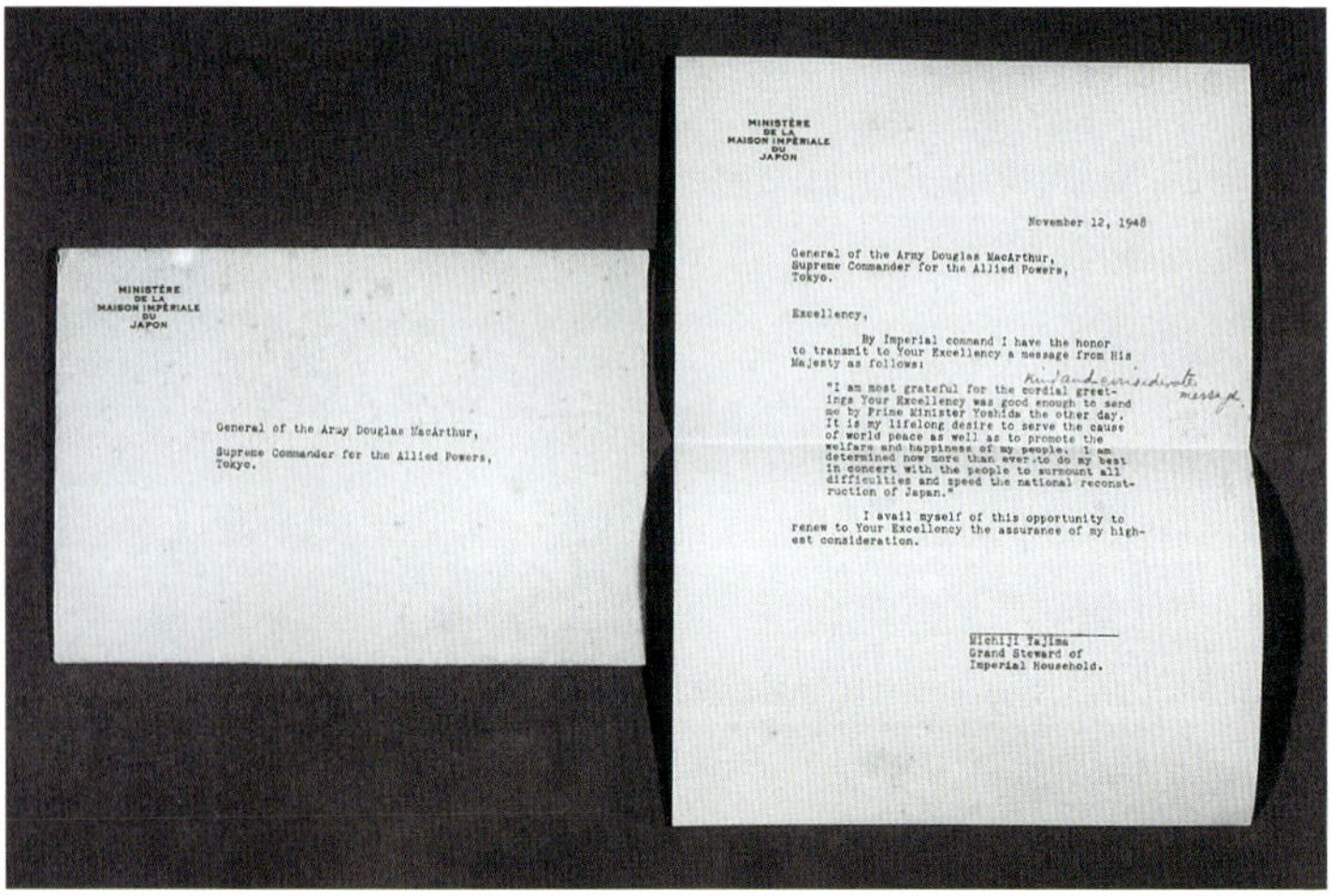

MINISTÈRE
DE LA
MAISON IMPÉRIALE
DU
JAPON

General of the Army Douglas MacArthur,

Supreme Commander for the Allied Powers,
Tokyo.

MINISTÈRE
DE LA
MAISON IMPÉRIALE
DU
JAPON

November 12, 1948

General of the Army Douglas MacArthur,
Supreme Commander for the Allied Powers,
Tokyo.

Excellency,

By Imperial command I have the honor to transmit to Your Excellency a message from His Majesty as follows:

"I am most grateful for the cordial greetings Your Excellency was good enough to send me by Prime Minister Yoshida the other day. It is my lifelong desire to serve the cause of world peace as well as to promote the welfare and happiness of my people. I am determined now more than ever to do my best in concert with the people to surmount all difficulties and speed the national reconstruction of Japan."

I avail myself of this opportunity to renew to Your Excellency the assurance of my highest consideration.

Michiji Tajima
Grand Steward of
Imperial Household.

マッカーサー元帥への
田島の書簡

昭和天皇と田島道治と吉田茂

初代宮内庁長官の「日記」と「文書」から

目次

凡例［本書をお読みいただくにあたって］

一、「田島日記」の原文は横書きであるが、すべて縦書きにあらためた。ただし、時間や数値を表す算用数字は原文通りの表記とした。例えば「10. 30-1. 30」の表記は「午前十時三十分から午後一時三十分まで」の意。また、欧文の人名や地名も原文の通り横書きとした。

二、「田島日記」引用部分は、すべて原文のままとした。引用部分文中の「□□」は判別できないか、あるいはカスレなどで解読不能であることを示す。

三、「田島日記」引用部分文中の［原文ママ］、［ママ］の表示は「原文のまま表記した」の意。

四、「田島文書」の原文は縦書きであるので、ほぼ忠実に再現した。引用文の漢字は可能な限り原文のままとした。即ち、旧字体、古字、俗字、略字が入り混じって書かれているが、正字体で統一せず、原資料の通りに採録した。地の文については、すべて新字体とした。なお、本文中の人名は、原則として敬称を省いた。

五、「田島文書」の原文には、一切ふりがなはない。引用部分文中の「ふりがな」は、すべて著者または編集部が任意に付した。（なお、ルビ＝ふりがなを付した引用個所は括弧内に付記）

六、本文中にある（註1）、（註5）などの数字は、各章の末尾に付された［註］の番号を示す。

七、なお本書において註に記載のない場合は、田島家親族及び明協学寮の元寮生へのインタビューに基づいたものである。

八、「田島日記」において、マッカーサーの表記が Mc（M^c）と MC の二通りあるが、いずれも原文のとおりとした。なお、「日記」と「文書」の解説にあたっては、田島道治の次男田島恭二氏の協力を得た。記して感謝申し上げる。

はじめに

埋もれていた資料——それが日記であれ、書簡、メモ、文書であれ——が世に出ることにより、過去の一部に角度の違う光が当てられる可能性がある。または、不明だった部分がよりはっきりすることがある。

そうした資料、しかも戦中から敗戦後の日本の歩みを理解するに当って特に重要なものの一つが、田島家所蔵の資料である。

敗戦(昭和二十年、一九四五)から三年後の昭和二十三年(一九四八)六月五日、芦田均内閣総理大臣は、田島道治《みちじ》を宮内府長官に任命した。宮内府は翌年宮内庁となり、田島は初代長官として、昭和二十八年(一九五三)末までの五年半にわたる任期を務めることになる。

占領下の日本。極東国際軍事裁判、A級戦犯の死刑執行、皇室財産解体後の皇室経済問題、天皇の退位問題、巡幸、講和条約など、田島道治とはこの激動の時代に、皇室の舵取りをまかされた人物である。

この田島道治(明治十八年—昭和四十三年。一八八五—一九六八)について、私はすでに幾つかの作品を「田島家資料」を使わせて頂きながら書いてきた。ただ、多彩な活動を行った田島の生涯の中で宮内庁時代に焦点を当てるとすると、私自身の興味の中心は昭和天皇（明治三十四年—昭和六十四年。一九〇一—八九）と田島長官の関係にあった。吉田茂（明治十一年—昭和四十二年。一八七八—一九六七）については、必要最小限度にとどめていた。

だが初期のほんの短い期間を除き、田島の長官時代の総理大臣は吉田茂である。吉田の意向を無視してこの時期の皇室運営を語れるものではない。

今回は新しく出てきた資料も加え、昭和天皇を頂点とする吉田茂と田島道治の関係を「田島家資料」の中で探っていくこととする。

これから書こうとしているのは、吉田茂の政治家としての側面や人となりについてではない。あくまで「田島家資料」に絞り、その中で吉田がどう行動し、またはしなかったか、何を指示し、皇室との接触をどう保とうとしたかなどである。

吉田も田島も、目指すものは同じであった。戦争で疲弊した日本の再建と皇室の擁護。その目的に向かって、一方は総理大臣として、他方は宮内庁長官として、二人の人物はどう協力し、どう対立したのか——「田島家資料」というごく狭い範囲内で、その具体的な姿を見て行きたい。

一　「田島家資料」とは

「日記」と「文書」

「田島家資料」を用いて、私は後述する二冊の本と幾つかの記事を書いた。
それらに対し多くの質問なり要望が寄せられたのだが、焦点は主に次の二つであった。
①　田島家資料について、もっと具体的に教えてほしい。
②　そのような貴重な資料が、日本史の専門家でもないあなた（つまり私）の手になぜゆだねられたのか。
これらの質問にお答えするべく、すでに書いたものを整理し、新資料を加え、新しい事実

を掘り起こし、吉田茂と田島道治の関係を中心に、私が使用を許された範囲での田島家資料に再挑戦してみようというのが本書の目的である。

①の田島家資料とは何かについては、

〔A〕「田島日記」

〔B〕「田島文書」

の二種類に分かれている。

〔A〕「田島日記」

明治十八年(一八八五)七月二日に現在の名古屋市中区門前町にある本願寺名古屋別院裏の伊勢山町で生まれた田島道治は、中学のときに東京の府立一中へ転校し、以来東京に在住した。昭和四十三年(一九六八)十二月二日、八十三歳で死去。

几帳面な性格の田島は、おそらく長年にわたって日記を書き続けたのであろう。だが、昭和二十年(一九四五)四月十三日の空襲で駒込六義園近くにあった駕籠町の自宅は焼失。高浜市の旧家だった田島家の過去帳などとともに、日記も焼失したものと思われる。

現存している「田島日記」(以下「日記」)は、日本銀行などの小型の黒手帳に一年一冊ずつ、横書きの細かい文字で書かれている。

昭和十九年（一九四四）から死去の四十三年（一九六八）にかけて、二十五冊が残されている。小型手帳の一日分であるから、ほんのわずかなスペースしかない。書き足りない場合には、△や◎の印をつけ、欄外に加筆されている。それでも一日分の分量は少なく、しかも後に人々の眼にふれることなど全く考えていない、自分だけのメモであるために、文章も短く説明が省かれているのが特徴の一つである。

〔B〕「田島文書」

「田島文書」（以下「文書」）は正式名称ではなく、私が勝手に命名したものである。こちらは実に多種多様で、簡潔な説明はつけ難い。それは田島道治の歩んだ道自体が多彩だったからでもある。

彼はあちこちの分野で様々な人々とかかわりを持って生きた人間であった。大学時代には新渡戸《にとべ》稲造《いなぞう》（一八六二―一九三三、第一高等学校校長、東京帝国大学教授）に私淑、書生として住み込み、師の没後は種々の記念事業を推進する。後藤新平（一八五七―一九二九）が鉄道院総裁に就任すると、その秘書官になる。愛知銀行常務取締役だった昭和二年、井上準之助（一八六九―一九三二）日本銀行総裁は、昭和金融恐慌に対処するブリッジバンク、「昭和銀行」の事実上の責任者に、田島道治を据えた。昭和銀行頭取、金融統制会理事、日本産金振興会社社長、日本銀行参与、大日本育英会会長、東京通信工業(後のソニー)監査役からソニー会長へと田島の活動範囲が移り広がるにつれ、「文書」の種類も増えることとなる。

全体を大別すると、封筒に入れられたものと、バラで重ねられたものがある。大小の古い茶封筒には、「日本産金振興会社」、「市政調査会」、「新渡戸稲造先生関係」などと記されている。

宮内府長官に就任(昭和二十三年六月五日)直後のものは三つの細長い封筒に入れられ、それぞれに「宮内府長官就任挨拶」、「長官就任挨拶草稿案その他」、「拝命直後の書類」と書かれている。

封筒入りのものもバラのものも、和文タイプライターで打たれた書類もあるが、ほとんどは手書きである。他の人々の筆跡も交じるが、田島自身が書いたものが多い。

〔A〕についても〔B〕についても、関連箇所で説明を続けさせて頂くこととする。

質問②の「なぜ私が入手したのか」については、これはもう、「ご縁でございました」としか言いようがない。平成五年までの私は、田島道治という人物の存在すら知らなかったのだ。

その縁《えにし》の糸をたどっていくと、発生生物学の学徒であった亡き主人加藤淑裕の恩師の一人、團勝磨《だんかつま》元都立大学学長と夫人の團ジーン元お茶の水女子大学教授へと溯る。ペンシルヴァニア大学の大学院で出会ったお二人は、ジーン先生の昭和十二年の来日を待って結婚。戦争中も日本にとどまった。

團ジーン先生とは昭和五十二年（一九七七）の第八回国際発生生物学会で、私がレディス・プログラムの補佐をつとめてから親しくして頂き、翌年、雑誌に記事を書いたりした。（註1）

そしてその年の秋十一月、ジーン先生は房州館山のお宅で喘息に起因する循環不全による窒息に近い状態で急死なさった。勝磨先生はじめ、ジーン先生の教え子たちは、次々と館山へかけつけた。

お茶の水女子大学を定年退官後も、ジーン先生は日本人生物学者たちの英語論文の英語を直した。丘の上に建っていた家の彼女の部屋は闇の中に明るく浮かび上がり、「十二時、一時まで、毎晩机に向かっていた」と村人たちは言う。昭和天皇の英語論文にも赤を入れていらした。貴重な方を日本の生物学界は失ったのだ。

二つのことが偶然に重なった。ある会合で勝磨先生が「君の奥さん、ジーンの伝記を書いてくれないかな」と私の主人に声をおかけになった。その前後のことだったが、講談社の阿部英雄氏が吉祥寺のわが家へこられ、仕事の話の合間にジーン先生の急逝にふれると、「その方の伝記をお書きになりませんか」とすすめて下さったのだった。

勝磨先生ご自身とジーン先生の教え子たち、勝磨先生の教え子たちも含め、周囲の方たちの献身的な協力の結果、『渚の唄――ある女流生物学者の生涯』が阿部氏の手によって講談社から昭和五十五年(一九八〇)に出版された。

ジーン先生の御遺体は千葉大学へ運ばれ、病理解剖が行われた。千葉大学医学部解剖学教室の教授は、永野俊雄先生で、助教授はジーン先生の教え子の鈴木二美枝先生だった。

この永野先生が、「ベネット会」の会長だった。明治四十三年(一九一〇)に鳥取で生まれたスタンレー・ベネット(Stanley Bennett)は十三歳まで日本ですごし、ハーバード大学を卒業して解剖学者、細胞生物学者となる。太平洋戦争中はアメリカ海軍士官として沖縄戦に参加、一人でも多くの日本人を救いたいと努力する。戦後の一九四八年、三十八歳の若さで、ワシントン州シアトルにあるワシントン大学解剖学科の科長に就任すると、生まれ故郷日本のために若手研究者をアメリカへ招いて育成すること、日本における電子顕微鏡の発展に協力することを実行に移した。敗戦後の疲弊した日本科学界にとって、これがどれだけの貢献だったかは計り知れないものがある。

ベネット研究室からは山田英智東京大学名誉教授、浜清元国立生理学研究所長、三井但夫慶應義塾大学名誉教授、水平敏知東京医科歯科大学名誉教授、菅沼惇京都府立医科大学名誉教授、内薗耕二東京大学名誉教授、山元寅男九州大学名誉教授、山本敏行東北大学名誉教授、

飯野晃啓鳥取大学元副学長、安澄文興琉球大学教授、高屋憲一富山医科薬科大学教授、屋敷和三日本解剖学会名誉会員などの人材が輩出。前述の永野俊雄千葉大学名誉教授を幹事として「ベネット会」を結成したのだった。

一九九二年八月九日にベネット先生が死去なさると、「ベネット会」は伝記刊行を計画なさった。『渚の唄』を読んでいらした永野先生は、私に執筆を依頼。「ベネット会」からの寄付とジャパン・タイムズの斎藤純一、笠原仁子両氏の協力でアメリカへの取材も可能となり、一九九四年に『日本を愛した科学者――スタンレー・ベネットの生涯』が出版された。ここでも「ベネット会」の方々、殊に永野先生の恩師への思いと熱意に支えられて完成にこぎつけることができたのだった。

この「ベネット会」の会員の中に、ベネット先生だけでなく、田島道治先生の薫陶も受けた方がおられた。内薗耕二。この内薗先生には、度々取材することになった。

ベネット先生が沖縄戦に参加したことはすでに述べたが、その前はガダルカナル。そしてその戦域には、後に彼の愛弟子となる二人の日本軍人が敵方として戦っていたのだった。海軍軍医内薗耕二と水平敏知である。

スタンレー・ベネットは、ガダルカナルから、そして沖縄から、多くの手紙を妻のアリスに送っている。日本をよく知るアメリカ士官が見た日米戦争であり日本軍の弱点であった。

戦後五十年記念として彼の書簡集を出版するに当り、旧日本軍人のお二人にも、日本側からの手記とインタヴューを寄せて頂いた。(註2)

おめにかかる度に、内薗先生はおっしゃった。

「私には恩師が二人います。ベネット先生と田島道治先生です。私たちは田島先生がお作りになった学寮に住まわせて頂き、『論語』の講義を受けました。先生は、『論語』の大家ですばらしい人格者でした。これが終ったら、次に田島先生の伝記を書いて下さいませんか」

私は、いつも曖昧な返事をしていた。

ところが数年後の平成十年(一九九八)春、内薗先生はわが家に一人で説得にいらした。私はおことわりした。伝記を書くのには大変な労力と取材費もかかる。それにもう一つ。今まで私が書いてきた伝記は、最初がアメリカ・インディアンの首長〝フィリップ王〟ことメタコムの伝記。(註3)次が團ジーン先生とベネット先生だった。アメリカ人か、アメリカの土地と関係がある。その土地で十五年をすごし、ことに後半は永住権を取った移住者として、土地勘もあり人間の気質もある程度わかっていることが、以前の三冊では支えになっていた。だが、田島道治という方の経歴などをうかがってみると、私の任を超えていて、昭和史専門家の領域の仕事ではないだろうか。

それから間もなく、内薗先生は元寮生の西村秀夫、井上昌次郎両先生と共に再度いらした。

そして持参なさった本を、

「あなたは取材の労力が大変だと言われたが、ここに協力者たちがいるではありませんか」

とお指しになった。

非常勤時代も含めると二十三年間フランス語教師をつとめた上智大学を、私は平成七年に定年退職していた。そしてその当時は上智大学コミュニティ・カレッジで、「ノンフィクションの書き方」の講座を担当していたのだが、受講生たちの作品も載せ、私の編著書で、『ノンフィクションの書き方——上智大学コミュニティ・カレッジの講義と実習』(はまの出版一九九八年)を上梓していた。内薗先生が「ここに協力者たちが」というのは、教え子たちに協力を要請すればよい、取材費などは編集委員会を結成して出しますから、ということであった。(死後三十年たってもこれほど慕われる人物とは?)強い疑問というか好奇心が私の心の中に湧き、元寮生たちの熱意にほだされた私はその場で承諾してしまった。

田島道治という方と私との縁は、この方々によって結ばれたのである。しかし、それはどう発展するとも皆目見当のつかない、か細いものでしかなかった。

すぐに編集委員会が大島正光東京大学名誉教授を委員長として結成され、伝記出版の「趣意書」を元寮生たちにお配りになった。「明協学寮」の元寮生たちである。

「明協学寮」とは、昭和十二年（一九三七）一月に、田島道治が昭和銀行頭取としての退職金を担保に借金して建てた学生寮である。小石川駕籠町の自宅の隣に二百十坪を買い、そこに十名の学生を住まわせる寮を建てた。五十坪のテニスコートまで用意した。十八畳の談話室、十畳の食堂、個室など、〃学生寮〃としてはけたはずれに贅沢だった。談話室には煉瓦造りのマントルピース、シャンデリア、ソファに大きな椅子、ピアノや蓄音機も置いた。家具やじゅうたんなども自宅よりも上等な品をそろえ、すばらしい住環境と食事を提供し、日本の未来に役立つ人材を育てようと志した。

「わたしの道楽でして……」と本人は言っていたが、寮生たちからはほんの少しの寮費しかとらず、私財を投じての人材育成だった。

田島は月に一度は、学生たちが「第一級の人と話す会」とよぶ、講師の話を聞き夕食を共にする会を計画した。徳川義寛貴族院議員、緒方竹虎朝日新聞主筆、米内光政海軍大将、川西実三東京府知事などと身近に接することで、将来世界のどこへ出ても物怖じしないようにという田島の配慮だった。また、田島は週一度、早朝に『論語』の講義も行った。当番の学生が読む一節に、田島が注釈を加えた。

この「駕籠町明協学寮」は、昭和二十年（一九四五）四月十三日、田島の自宅と共に空爆で焼失するのだが、主な〃寮生たち〃を列挙してみる。

大島正光健康科学研究所長・東京大学名誉教授、石崎達国立感染症研究所名誉所員、江夏順吉霧島酒造社長、長濱正雄立川ターミナルビル相談役、内薗耕二東京大学名誉教授、塩崎潤元国務大臣、高良夫長崎大学元教授、中村晃一医療法人社団仁寿会中村病院理事長、池田研爾元三菱重工顧問、西村秀夫元東京大学助教授、白石國彦東陽倉庫会長、山下蓁元新日本無線社長、豊田利幸名古屋大学名誉教授、稲葉穣東京医科歯科大学名誉教授、山本茂元三菱重工京都製作所所長、加藤信之元大阪工業技術専門学校教授、生源寺治雄元名古屋工業研究所所長、横山浩雄元飛島建設副社長、宮武義郎京都大学名誉教授、楢林博太郎順天堂大学名誉教授、川端弘元味の素情報システム部部長など、役職はその後変ったり、また故人となった方々もおられる。

Ｂ29の空爆により、田島の人材育成の〝道楽〟という夢は断ち切られたことになる。

敗戦後の田島は、大日本育英会会長、そして宮内庁長官を歴任するが、宮内庁退官後は紀尾井町の官舎を立ち退かなければならない。目白の徳川義親邸に間借りした田島は、学寮の思い出話を次のようにしめくくっている。

「結局十年間餘り、隣家の寮生諸君と間接ながら共同生活をし得たことは、生涯中で一番快心なことでありますので、お尋ねないことまで進んでお話すれば一寸切りがないことですが、兎《と》に角《かく》昭和二十年四月十三日に住いも寮も一所にやられてしまい、御覧の通りの借家か間借かわからぬ詫住居《わびすまい》（原文ルビ）のていたらくである上に、古稀をこえた老爺では、明協學寮の再建などは思いもよらず、夢の夢ということになりました。この點《てん》戦争はうらめしうございます」（註4）（一部ルビ付す）

「夢の夢」と自分に言いきかせながらも、田島は「生涯中で一番快心なこと」を諦め切れなかったのだろう。このたった二カ月後には自分は間借りのままで麻布笄町に家を買い、「麻布明協学寮」を開いた。ここからも、有田昌志特別区制度調査委員、井上昌次郎東京医科歯科大学名誉教授、千野忠男元アジア開発銀行総裁、小林日出夫元アラビア石油ロンドン事務所所長、牧田登之福岡動物病院看護士学院院長、渡邊良雄元太平洋セメント顧問、西村重男日鉄ライフ元顧問が巣立った。

二年後の昭和三十四年（一九五九）三月に閉寮し、田島はそこに自宅をやっと建てた。

しかし、芝高輪南町に家を買い、七十六歳の田島は、三十六年九月から、また〝夢〟を見始めたのである。

「高輪明協学寮」の卒業生たち。麻布から続く井上昌次郎の他には、市橋卓三ゼフィール取締役、小野勝道元茨城大学教授、河村洋東京理科大学教授、坂井典祐東京工業大学教授、里深文彦東京農工大学大学院教授、田島圭介慶應義塾大学教授、宮川勝之東京丸の内法律事務所パートナー弁護士、山田作衛東京大学名誉教授・高エネルギー加速器研究機構名誉教授、山本健一東京都精神学総合研究所名誉研究員である。

三つの明協学寮生たちの思い出は、記念文集『明協』という黒の布に金文字の美しい一四三ページの本にまとめられている。(註5)

この本を先ず読み、編集委員の方たちのご意見をうかがって、インタヴューをさせて頂く元寮生たちのもとへ、私は教え子たちを送った。それぞれ一所懸命にインタヴューをし、テープおこしをした原稿が次々に出来上がってきた。

高輪の学寮でも月一回の会を続けていた田島は、秩父宮妃、辰野隆、石坂泰三、佐藤栄作などを講師に招いた。終ると講師にはハイヤーで帰って頂く。だが田島は……、

「先生は歩いてお帰りでした。教育者ですから、タクシーなんて使いません。私たちが送っていくと言うと怒られました」

と、坂井典祐元寮生。

すばらしいインタヴューだと、私は感動した。この当時の田島は、ソニーの会長である。東通工(後のソニー)の井深大《いぶかまさる》と盛田昭夫の名前は、敗戦の年昭和二十年十一月十三日から田島の「日記」に出てくる。宮内庁退官後の田島は東通工監査役に就任、昭和三十三年にソニー

と社名を変え、昭和三十四年六月からは会長に就任した。ソニーはベンツを提供していたのだが、田島は私用には使わない。徒歩と電車で麻布へ帰ったのだという。そして寮生たちも、それを自然に、当り前のこととして受け入れていた。「教育者ですから、タクシーなんて使いません」と。

私自身の教え子たちも含め、私が何に動かされていたかというと、『論語』を講じながら学生たちを育てる〝明協学寮長田島道治先生〟の姿だった。そして、それに答えようとする学生たちの純粋な向学心であり、志だった。

「田島家資料」の存在などは、考えたこともなかった。本が出版されたあとになって、専門家たちはかなり前から注目しておられたとうかがったが、その当時の私にとっては、「明協学寮」が興味の中心であった。

専門家の一人は、私の最初の本を手にしたとき、

「なぜだ！　と叫びました」

とおっしゃった。

「『なぜだ』って、何でしょう?」

「なぜ専門外の人間が、あの貴重な資料を手に入れてしまったのだろう、ということです」

「田島家資料」は、私が手に入れたものでは決してない。

「こういうものがありますが、お使いになれるようならお使い下さい」

と田島家から送られてきた資料は、私へ送られたものではなく、田島の死後三十年たっても感謝を捧げる元寮生たち——彼らの熱意がご遺族を動かしたものであった。

当時の田島家には、明治四十五年(一九一二)生まれの田島譲治学習院大学名誉教授と大正六年(一九一七)生まれの次男恭二氏がおられた。譲治夫人周子《かね》は松岡洋右元外相の長女だったが、昭和六十一年(一九八六)八月、脳梗塞のため死去。二人の子息が「高輪明協学寮」の元寮生、田島圭介慶應義塾大学教授である。次男の恭二氏は岩波から満鉄調査部、シベリア抑留五年という苦難を経験した。恭二夫人の千代子は、白石宗城《むねき》チッソ社長の娘だった。二人は昭和二十七年(一九五二)五月に結婚、長男哲夫が翌年に生まれた。

譲治先生の柿の木坂のお宅と、高輪明協学寮跡に建てられた恭二氏のお宅の二軒分の資料をまとめて私に送ってくださったのは恭二氏だった。

貴重な「田島日記」は郵送できないので、私の上智大学の「講座」の教え子の岩崎和美が恭二氏から何回かに分けて手渡してあずかり、それを井上昌次郎先生のお宅へ運んだ。井上先生は「日記」全部を四倍に拡大したコピーをとって下さった。

ところが、問題は字の大きさだけではなかった。あまりにも達筆すぎて、私には読めないのだ。眼の前に資料を積まれても、使うことはできない。すると驚くべきことを恭二氏がおっしゃった。普通の字に書き直してあげましょう。恭二氏はワープロはおできにならないので、一字一字を手書きで清書なさり、何年にもわたる作業に毎日取り組んで下さったのだ。お父様への敬愛、元寮生たちのひたむきさに応えるため、その意志を代表して筆を進める著者を助けようとなさったのであろう。よほどの覚悟がなければできる作業ではなかった。

一年分の「日記」が一冊にまとめられておくられてくると、本当に有難いことに、字は読むことができた。大きな前進ではある。だが素人の悲しさというか、今度は内容のわからない箇所が多く出てきた。専門家なら(これはあの事件のことだ)とピンとくるかもしれないのだが、私には確信がもてない。

外で恭二氏に何回かお会いして質問させて頂いたのだが、恭二氏も即答はできない部分も多く、時間だけがすぎてしまう。

(テープ交換では?)と私は思いついた。

今までにもアメリカに住んでいる友人たちと、テープを交換して本を書いたり、フランス留学時代から交流を続けている友人たちとテープで話したりしていた。カセットテープに吹き込んで送り、向こうからもテープがとどくと、二台のカセット・テープレコーダーを並べて一台でそのテープを聞くのだ。意見を言いたくなるとそれを止め、もう一台のテープレコーダーに、「あなたの意見には賛成しない。私は次のように考える」などと吹き込む。これと同じことを「田島日記」に関してできないだろうかと。恭二氏におそるおそるお伺いを立ててみた。

「経験はないが、やってみましょう」というお返事。緊張して「日記」を開き、「何年何月何日の日記でございますが、二行目はどう解釈すべきとお考えでいらっしゃいますか?」などと質問しようとしてふと気付いたのは、私は日本語でこういう作業をしたことがないという事実だった。英語かフランス語ならいいというのもずいぶん変な話だが、「と私はお思いになります」などと自分に敬語をつけたりしてしまった。やり直してである。

やっと慣れ、何十本のテープを送り返して頂いたことか。それに毎日のようにファックスも交換し、「田島日記」の読解が進んだ。

「日記」も種々の「文書」も、改めて田島の活動範囲の広さを示すものだった。とても〝明協学寮の田島先生〟の枠にはおさまらない。そこで教え子たちにも協力してもらうことになった。

内薗耕二先生のインタヴューを終えた松本ひとみは銀行担当となり、月に一度亡き主人のいとこで元日銀経営管理局検査愛波《あいば》磐根《いわね》氏に教えを乞い、ダンボール二箱分の資料を集めてくれた。太田美年子は大島正光先生のインタヴューのあと、田島の宮内庁長官時代の面会人名簿作り、資料蒐集、私の手書きの原稿をワープロで打つことなどをしてくれた。

その他種々の分野で、上智大学の講座の受講生たちが献身的に協力してくれた。前述の三人を除くと、木村道子、河本拓也、小林みや子、実川広美、鈴木康子、新妻道明、贄田恵子、萩野愛美、開内くみ子、村田栄子、横山由利、吉田泰治の諸氏である。明協学寮の寮生たちをはじめ、こうした協力、ことに田島家の方々、とりわけ田島恭二氏の御尽力のおかげで、約四年間で二千枚近い原稿が仕上がった。TBSブリタニカ(現在、阪急コミュニケーションズ)の元出版部長堀井春比古氏が担当して下さったのだが途中から異動になり、福澤晴夫氏により平成十四年(二〇〇二)七月に『田島道治――昭和に「奉公」した生涯』が出版された。

合同明協会と出版記念会が平成十四年十二月一日、東京會舘で行われた。翌日が道治先生の御命日で、元寮生たちはずっと「明協会」を続けていたのだ。その席上、長男の譲治先生は、

「こんな本を作ってしまって、あの世へいったら父に叱られるかもしれませんが……」

と挨拶なさった。そのときはお元気だったのだが、翌年の二月に急逝された。

この本が出ると、専門家の方たちを中心に反響があった。

四年にわたる仕事をやっと終えた私は、田島家へ資料をお返しする作業を始めた。本などはダンボール箱につめて宅急便で送ったが、「文書」は外でおめにかかるときに手渡したり、ご自宅へ運んだりした。

「今日はこれだけ持ってまいりました」

などと封筒やバラの書類を客室のテーブルの上に並べているうちに、重なっていた書類や封筒の間から、二葉の薄茶色に変色した紙が出てきた。「大日本育英會用箋」で、冒頭の書き出しは「朕、即位以来……」である。

えっと驚いた私は、「これは、何でしょう?」と恭二氏に差し出した。

「これは天皇ご自身のお言葉ですね。私もこういうものがあるとは知りませんでした」

と恭二氏はおっしゃった。

これが「昭和天皇　国民への謝罪詔書草稿——封印された詔書草稿を読み解く」として、『文藝春秋』(二〇〇三年七月号)に掲載されることになった文書である。

しみがつき、よれよれになった縦二十五センチ、横十八センチの用箋。十四行縦線の入った用紙二枚に十九行、五百六文字が田島の手で万年筆によって書かれている。

まず「草稿」の全文をのせることとする。

朕《ちん》、即位以来茲《ここ》ニ二十有餘《ゆうよ》年《ねん》、夙夜《しゅくや》祖《そ》宗《そう》ト萬姓《ばんせい》トニ背《そむ》カンコトヲ恐レ、自《みずか》ラ之《こ》レ勉《つと》メタレドモ、勢《いきおい》ノ趨《おもむ》ク所能《よ》ク支フルナク、先ニ善隣《ぜんりん》ノ誼《よしみ》ヲ失ヒ延《ひ》テ事ヲ列強ト構ヘ遂ニ悲痛ナル敗戦ニ終リ、惨苛今日ノ甚《はなは》ダシキニ至ル。屍《しかばね》ヲ戦場ニ暴《さら》シ、命ヲ職域《しょくいき》ニ致シタルモノ算《さん》ナク、思フテ其人及《および》其遺族ニ及ブ時寔《まこと》ニ忡怛《ちゅうだつ》ノ情禁ズル能《あた》ハズ。戦傷ヲ負ヒ戦災ヲ被《こうむ》リ或《あるい》ハ身ヲ異域《いいき》ニ留メラレ、産ヲ外地ニ失ヒタルモノ亦《また》数フベカラズ、剰《あまつさ》ヘ一般産業ノ不振、諸價《しょか》ノ昂騰、衣食住ノ窮迫等ニヨル億兆塗炭《とたん》ノ困苦ハ誠ニ國家未曾有《みぞう》ノ災殃《さいおう》トイフベク、静ニ之《これ》ヲ念《おも》フ時憂心灼《ゆうしんや》クガ如シ。朕ノ不徳ナル、深ク天下ニ愧《は》ヅ。身九《きゅう》重《ちょう》ニ在ルモ自ラ安カラズ、心ヲ萬姓ノ上ニ置キ負荷ノ重キニ惑《まど》フ。

然《しか》リト雖《いえど》モ方今《ほうこん》、希有《けう》ノ世変《せいへん》ニ際會《さいかい》シ天下猶《なお》騒然タリ　身ヲ正シウシ己《おの》レヲ潔クスルニ急ニシテ國家百年ノ憂《うれい》ヲ忘レ一日《いちじつ》ノ安キヲ偸《ぬす》ムガ如キハ眞《まこと》ニ躬《み》ヲ責ムル所以《ゆえん》ニアラズ。之ヲ内外各般ノ情勢ニ稽《かんが》ヘ敢《あえ》テ挺身時《ていしんじ》艱《かん》ニ當《あた》リ、徳ヲ修メテ禍《わざわい》ヲ嫁シ、善ヲ行ツテ殃《わざわい》ヲ攘《はら》ヒ、誓ツテ國運ノ再建、國民ノ康福ニ寄與《きよ》シ以《もっ》テ祖宗及《および》萬姓ニ謝セントス。全國民亦《また》朕ノ意ヲ諒トシ中外ノ形勢ヲ察シ同心協力　各《おのおの》其天職ヲ盡《つく》シ以テ非常ノ時局ヲ克服シ國威ヲ恢弘《かいこう》センコトヲ庶幾《こいねが》フ。

（ルビは『文藝春秋』編集部による）

「憂心灼クガ如シ。朕ノ不徳ナル、深ク天下ニ愧ヅ」などの強い表現に、恭二氏も私も粛然としてえりを正した。

これに対しても、多くの反響があり、それらを含めて『昭和天皇「謝罪詔勅草稿」の発見』を、その年の十二月に同じく文藝春秋から出して頂いた。雑誌では、〝詔書〟としたのだが、本では専門家からのご指摘通り〝詔勅〟に直した。以下「草稿」とする。

以上の二つに対して多くの質問が寄せられたのだが、大別すると次の二点になる。

① 「草稿」の存在は、ずっと前からわかっていたはずではないのか。

② それが、なぜ今になって〝発見〟されたりしたのか。

①について、多くの専門家が「わかっていたはず」となさる根拠は、元共同通信の橋本明論文による。(註6)

昭和二十三年(一九四八)十一月十二日、東京裁判でA級戦犯二十五人の被告に対する判決の出た日も、十二月二十三日の七人の被告処刑の日も、宿直当番として昭和天皇の苦しんでおられるお姿を目撃した村井長正元侍従からの証言を橋本氏はたどる。昭和二十四年に入ってから、村井侍従は田島を長官室に訪ねる。

この部分を橋本論文から引用する。

「村井　（中略）お上はそのお立場から、現在のご苦悩をそのままけじめとされ、内外に陳謝の姿勢を表わすべきです。（中略）世界に、アジアに、日本に詔書渙発の形でけじめを発表しなくてはなりません。（中略）

田島　村井さん、私はやりましたよ。実は君と同じことを感じています。陛下のお気持ちは、分かっている。村井さん、私は書きました。詔書の文案を書いたのだ」（註7）

これが今回発見された「草稿」だとすると、二十四年に田島が村井に「私は書きました」と認めたからには、それ以前ということになる。田島の死後もその「草稿」の行方を探したがわからず、長男の田島譲治教授に会ったときに訊ねると、

「ああ、それならば亡父のメモ帳の中に、確かにあったと思える。しかしね、ちょっとお見せするわけにはいかんのですよ」（註8）

とのことだった。橋本氏自身は譲治先生の教え子だった。

「学生時代の仏語の恩師である田島名誉教授に私は電話ではあったが〝田島メモ〟の存否について確認を求めた。先生からは『田島家の取引銀行に収まっている。親爺は日本語の

ほかドイツ語でも書くクセがあったんだね。日本語と独文が入り乱れていてね、大変に読みづらいんだ』と、答えをいただいた」(註9)

しかも、遺言によって「今上陛下ご在位中は絶対に公開すべからず」と封印されているのだという。

実に興味深い論文である。早速コピーを恭二氏にお送りした私は、幾つかの質問をした。

金庫の中の「草稿」をみせて頂きたいとは申しません。しかし、それは本当に金庫の中にあるのでしょうか。それに「今上陛下ご在位中は……」ということなら、昭和天皇は崩御されたので、田島長官の遺言による封印は解かれたのではないでしょうか?

恭二氏は、二時間かけて金庫の中を探して下さったそうで、お返事がきた。

そういうものは金庫の中にはなかったし、そういうものがあると耳にしたことがない。〝封印〟は昭和天皇御在位中ではなく、父の遺言でもない。「僕たち兄弟が存命中は……」と私(恭二氏のこと)が父に約束したもので、それは「草稿」とやらについてではなく、金庫の中に入っている書類についてである。

この時点で、〝譲治先生の思い違い〟を、なぜご本人にはっきり伺わなかったのか、と悔やまれる。村井元侍従は平成十一年に、そして譲治先生も鬼籍に入ってしまわれた。

金庫にないとうかがった時点で、私は「草稿」は失われたのだと早合点してしまったのだ。

②のなぜ今になって発見されたのかという質問は、なぜ今まで探そうとしなかったのか、ということにもなるだろう。

それは「ない」と信じていたことが一つと、もう一つは弁解めくのだが、あまりにもあまりにも資料が多かったからである。

最初の本（『田島道治―昭和に「奉公」した生涯』）を出したあとで気付いたのが、読者の興味が宮内庁時代に集中するという事実であった。

書いている私としては、「明協学寮」を始めとして、昭和銀行、故新渡戸稲造博士記念事業、昭和研究会、日本産金振興会社、全国金融統制会、東京興信所、日銀、市政調査会、東京通信工業（後のソニー）、大日本育英会など、田島道治のかかわったすべての事柄に関心があり、それぞれの資料が山積していた。

ことに昭和二十年の「日記」から登場し、昭和四十三年十二月二日監査役として死去した東通工（ソニー）は、田島にとっては重要な存在だった。

青山斎場での葬儀の際、井深大は弔辞の中で、会長職を退いたあとも、ソニーでの田島道治はいつも「会長さん」と呼ばれていたことに触れ、次のようにしめくくっている。

「亡くなられる十日ぐらい前、宮内庁病院の病室をお訪ねして、トリニトロン・カラーテレビの生産が順調になったことをご報告したとき、『一台もってまいりましょうか』と伺ったら、『疲れるのでもう少しよくなってから』といわれるので、そのまま帰りました。二、三日たって盛田副社長がお見舞いに伺うと、『トリニトロンをすぐもってきてほしい。ソニーの全社員が一所けんめいになっているトリニトロンを見ないのは申しわけないからね』ともらされ、美しいカラーを心から喜んでくださったとのことでした。

おそらく会長さんの見られた最後のテレビは、カラーの番組だったことでしょう。会長さん、あなたのお教えはソニー全社員の中に生きています。私たちは、あなたがよく口にされた〃和〃を尊び社業の発展にまい進することを、ここに堅く誓います。さようなら、会長さん。」

宮内庁退官後の田島道治を昭和天皇がなつかしんでおられたお姿は、盛田昭夫の次の談話からもうかがえる。

「田島さんのおかげで、昭和天皇はソニーに興味をお持ちくださって、葉山の御用邸に行かれる時、前をお通りになると、うちの工場がだんだん大きくなるのを見ていらっしゃ

って、『田島の会社は、また大きくなったね』って、いつでもお話しになったそうです（註10）」

皇族や各国要人の訪問へ道を開いたのは、そしてソニーのイメージ創りの原点は、田島にあったのではないだろうか。

ソニーでは大賀典雄元取締役会議長、樋口晃元副社長、高崎晃昇《あきのり》元専務、倉田裕子元秘書室部長などが協力して下さり、「ソニー初期の御意見番中の御意見番」、「ソニーの中に倫理観を植え付けるのに成功した」田島道治の姿が浮かび上がってきたのだ。

それはそれで、宮内庁関係「文書」見逃しの口実にはならないのだが、現実はと言うか、私自身の力量の限界であった。

今回は、新しい視点で「田島家資料」を吉田茂を中心に読ませて頂くことにする。

〔註〕

註1…加藤恭子「海麗わしく――生物学者・團ジーン夫人の物語」（『婦人之友』昭和五十三年二月号）六一―七一ページ

註2…スタンレー・ベネット著・加藤恭子、今井萬亀子編訳『戦場から送り続けた手紙――ある米海軍士官の太平洋戦争』（ジャパン・タイムズ　一九九五年）

註3…加藤恭子『消された大酋長――アメリカ建国のかげに――』(朝日新聞社　昭和四十九年)同作品は後に『大酋長フィリップ王――消されたアメリカ・インディアン――』(春秋社　一九九一年)として出版された。
註4…田島道治「学生寮」(『心』第十巻七号　一九五七年七月号)七六ページ
註5…明協学寮寮生一同編『記念文集・明協』(光洋社　昭和三十九年五月三十一日)
註6…橋本明「封印された天皇の『お詫び』」(『新潮45』　一九八七年一月号)五二―六五ページ
註7…前掲書　六三ページ
註8…前掲書　六四ページ
註9…前掲書　六五ページ
註10…財団法人幼児開発協会編『井深大・盛田昭夫　日本人への遺産』(KKロングセラーズ　二〇〇〇年)二六一―二六二ページ

二　吉田茂と田島道治

昭和二十三年

昭和二十三年六月に田島道治を宮内府長官に任命したのは芦田均（一八八七―一九五九）だったが、芦田内閣は十月七日、「昭和電工事件」のために総辞職。十月十五日に第二次吉田内閣の成立となる（昭和二十一年五月二十二日、第一次吉田内閣成立）。

田島の「日記」に初めて吉田の名がでてくるのは、その十月十五日で十二時から一時「吉田首相親任式」とある。この時点から、内閣総理大臣としての吉田茂と、宮内府長官就任後四カ月の田島道治の交流は始まったことになる。なお、「日記」と「文書」の中での二人を、年代順に追っていくこととする。

また、未使用の「文書」が二種類出てきたので、それらも適当な箇所に挿入するつもりである。その二種類が何かだけを先に述べることにする。

①「田島長とシーボルト外交局長との會談大要」と題した宮内庁用箋八ページの書類。

昭和二十六年十月一日、午前十一時五十五分から十二時四十五分にかけて行われた会談を第三者が記録したもの。この文書の一部は雑誌に紹介した。(註1)

② 昭和二十七年五月三日、講和条約発効と憲法五周年記念式典が行われることになっていたが、そこで発表予定の天皇の「おことば」案を田島は何通も書くのだが、四通の未使用草稿が出てきた。彼の「おことば案」作成の苦心については後に触れるが、草稿の多くは、「極秘」と丸で囲んだ、「憲法五周年『おことば』に関する書類」と表書きのあるよれよれの大きな茶封筒に入っていた。それが「おことば案」に関するすべての資料と私は考えていたのだ。しかし、今回発見された四通の下書きは、バラの書類の中から出てきた。シーボルト外交局長との会談も、またすでに引用した「謝罪詔勅草稿」も、同じバラの束の中から出てきたものであった。

新しく出てきた資料も加え、なるべく私見を排し、「日記」と「文書」に表現された吉田茂と田島道治の姿をありのままに記述してみたいのだが、実はこの〝ありのまま〟というのがかなり難しいのだ。例えば『芦田均日記』や『入江相政日記』は主語や述語のはっきりした文章で書かれているのに反し、田島の「日記」はすでに述べたように、メモである。自分だけのために書かれたもので、文章もあることはあるが前後の説明はなく、単語だけが並んでいることもある。どう読むべきかわからない箇所も多く、今回も前述したように、田島道治の次男である田島恭二氏にお世話さまになった。それでもわからない部分については周辺の参考文献に頼ることになるので、厳密な私見排除はできなかったと思う。

どういう問題を中心に二人の協力と対立があったかについても、多岐にわたる。平和な時代の首相と宮内庁長官なら、これほど連絡を取りあう必要はないだろう。だがこの時期の状態は、それを必要としたのだ。GHQ(GHQ/SCAP、General Headquarters of the Supreme Commander for the Allied Powersの略で連合国最高司令官総司令部のこと)、他の外交関連、当時論議されていた天皇の退位、巡幸、皇族関連、人事などの項目が並ぶのだが、昭和二十三年だけは独立して取り上げたい。この年の十月十五日に就任した吉田にとっては、約二カ月半しか首相としての日々がなかったからである。田島にとっても、十五日の就任式以降、約二カ月半の吉田との関係。だが、何とも波乱に富んだ二カ月半であった。そして重要書類の多くが、この時期に集中しているのである。

この間、田島の「日記」によると二人は八回会っている。吉田の参内時が十月十五日、二十九日、十一月二日、十一月二十九日、十二月二十八日の五回。田島の総理官邸への訪問が十月二十六日、十一月十一日は首相来訪、十二日は外相官邸に首相を訪問する。

国民の気付かない場面で、二人は緊迫した事態に直面していた。十一月十二日には、四月に結審した極東国際軍事裁判(「東京裁判」)の法廷でA級戦犯に対する判決が下る。これにどう対処すべきか。

吉田就任四日前の十月十一日の田島の「日記」には「御下問　御退位ノコト」とあり、昭和天皇と田島の間で〝退位〟が話題になっている。

この問題について、マッカーサー(MacArthur. Douglas 一八八〇―一九六四)と十月二十八日に話し合った吉田は、十月二十九日十一時半に参内。

田島の「日記」には、「前日Mcト会見ノ結果Abナド決シテ然ルベカラズトノ彼ノ意見ノコトキク」と、「決してご退位なさらぬよう」とのマッカーサーの伝言を奏上する。Abとは“abdication”退位のことである。三十日には「三谷(隆信侍従長)御文庫ニテ拝謁　首相奏上ノ話アリ　当方モ首相ノ昨日ノ話ヲナス」とある。

それからも、「日記」には〝退位〟の単語が出てくるのだが、十一月十一日になると吉田首相が宮内府へ来訪。マッカーサーの伝言に対して返書を送るようにすすめる。

そこで判決を翌日に控えたこの日、田島は「侍従長ニ相談案文作成　式部頭及次長ニモ話ス　案文ノコト　奏上御裁可」と、天皇にもおみせして同意を頂く。

翌日の朝八時に田島は首相を訪問、「案文同意　訳文タノミ帰庁」とある。首相からの訳文が届いたのが一時半以降、侍従長と式部頭と討議し、訂正したものをＧＨＱへ持参させ、バンカー副官に手渡したのが五時であった。

田島の「文書」から出てきた下書きを引用する。赤罫の宮内府用箋に手書きである。

「陛下の命により左記を閣下に申進ずるの光栄を有します

過日吉田首相より閣下の御親切なる傳言を拝承し感謝に堪えません。世界平和と国民の福祉との為め全力を尽くすことが自分の終世の念願であって此際国民と共に萬難を排し日本再建の為の最善を盡し度いと思ひます。

敬具

宮内府長官

マックアーサー閣下」

「ご伝言通り、退位はせずに日本再建のために尽すと陛下はおっしゃっておられます」とされるこの極秘の手紙は、後に「田島書簡」として世に知られるようになった。そのきっかけは、三十年後の昭和五十三年に秦郁彦元日本大学教授がマッカーサー記念館でこの完成品を発見したからである。(註2) マッカーサーも吉田も、この書簡については触れていない。「日記」と「文書」の中に、日本語と英語の下書きがのこされているのみである。ただ、十月二十九日の奏上から十二日間、吉田が何を考えていたのかはわからないが、この書簡作成が吉田主導でなされたことは間違いないであろう。十一月十一日に言い出して十二日にGHQへとは、あわただしいことであった。

もう一つ、誰が主導かはわからないのだが、十一日付の「日記」には、他の案文作成の話が出てくる。「田島書簡」の原稿を仕上げた田島は、紀尾井町の三谷侍従長官舎に行き、そこで五時から九時にかけて、六人の側近それぞれが草案を書くのである。「日記」には「東京裁判関係案文ヲネル　四人ノ外《ホカ》式部頭ト総務課長　侍従長案ヲ主トスル一応デッチアゲノコトトス」(ルビは編集部が付す)とある。

これら六人の書いた六つの草案は手書きだが、田島以外のものは誰がどれを書いたのかわからない。

「内閣総理大臣ステートメント」の形で、参内した首相が国際裁判の結果にお見舞いを言上、「天皇陛下には判決を受けた人々の身の上を案ぜられ感慨深げにおいたわりの御言葉を漏らされ……」と、吉田の視点から書かれている。

「参内後の総理謹話発表案」、「政府発表総理談案」、「内閣総理大臣談」と題のついたものもある。首相談話を宮内府(昭和二十四年より、宮内庁となる)の側近が書くのが異例かどうかは不明だが、「田島書簡」同様、「日記」にはそれまで言及がなく、二つとも判決前日に急浮上した話である。しかも「一応デッチ上ゲノコトトス」は、熱のこもらないやっつけ仕事のような印象を与えるが、吉田からの急な指示でこうなったのかどうかは不明である。ただ、吉田からの指示なしには、彼を主語とした文章はつくらなかったのではという疑問は残る。これらは、表面に「東京裁判前後　重大問題調書及書翰写」と朱墨で書かれた古い茶封筒から出てきた。「田島書簡」も同じである。この「首相談話」は、発表されないままに終った。

以上の文書なり草稿なりは、書かれた日付がわかっている。しかしすでに触れた「謝罪詔勅草稿」は、おそらくこの時期に書かれたものと推察されるものの、いつかははっきりしない。東京裁判の判決の日へ向けたものか、A級戦犯の死刑執行に向けたものか、それともそれらの日付とは関係がないのか、何もわからない。

そして重要な草稿でありながら、「日記」には何の記載もなく、吉田にみせたかどうかかすらわからない。何の痕跡も、私が使用を許可された範囲内の「文書」と「日記」にはない、謎の草稿としか言いようがない。使用を許されていない文書、つまり田島家金庫に保管されているものの中には何か書かれているのかもしれないが、現在の段階では「すべて不明」とすることにしたい。

十一月十一日の次に吉田が田島の「日記」に登場するのは、その月の二十九日に吉田が参内したときで、二人は解散などについて話し合っている。参内時には、前か後、または前と後の二度、吉田は田島と話している。十二月二十三日、衆議院は内閣不信任案を可決、解散となる。十二月二十八日に吉田は参内、田島とは天皇皇后両陛下の銀婚式の打ち合わせをして、困難なことの多かった年を吉田は終えることになった。

「日記」からは吉田のやり方に田島が驚く場面がときどき出てくるのだが、その最初の例は十一月二日の記述である。

「午後二時勲章授与式御前ニテトノ首相ヨリノ申出ノコト了承ス　吉田氏ノヤリ口少々驚ク」とある。

この年の文化勲章は、木原均《きはらひとし》（遺伝学者。一八九三―一九八六）、長谷《はせ》川《がわ》如是《にょぜ》閑《かん》（ジャーナリスト・思想家。一八七五―一九六九)、安田靫彦《やすだゆきひこ》(日本画家。一八八四―一九七八)、朝倉文夫(彫刻家。一八八三―一九六四)、上村松園《うえむらしょうえん》(日本画家。一八七五―一九四九)に授与されることになっていた。

従来は総理大臣官邸で賞勲局総裁から渡されていたのだが、皇居で天皇の御前でと吉田は主張しており、了承したのであろう。吉田の申し出そのものに驚いているのか、急に言い出したことかはわからないが、この年以後、皇居での伝達式は慣例となる。

こうして、吉田茂と田島道治の昭和二十三年は終っている。

〔註〕

註1…加藤恭子「葉山事件」(『文藝春秋』二〇〇五年十一月号)八二―八三ページ

註2…秦郁彦『裕仁天皇五つの決断』(講談社　昭和五十九年)一七九―一八〇ページ

三

人事問題——寺崎英成《ひでなり》の場合　昭和二十三—二十四年

明治三十三年生まれの外交官寺崎英成の名は、『昭和天皇独白録』によって広く知られている。

アメリカの日本大使館に勤務し、アメリカ女性と結婚した寺崎は昭和十七年八月、交換船で帰国する。高血圧で倒れたため休職し、長野県で敗戦を迎えた。だが、昭和二十年十一月九日付の『寺崎英成・御用掛日記』(以下『寺崎日記』)によると、外務省への復職がきまった。そして翌二十一年一月二十四日から月末までの『寺崎日記』の中に彼が宮内省御用掛に就任し、昭和天皇の通訳をつとめることになる経緯が記されている。

ただの通訳ではなく、寺崎は他にも幾つかのことを行っている。その中の一つに、昭和二十一年三月から四月にかけて、当時の松平慶民《よしたみ》宮内大臣、松平康昌《やすまさ》宗秩寮総裁、木下道雄侍従次長、稲田周一内記部長、そして寺崎御用掛の五人が、天皇から四日間五回にわたって聞き書きをしたという事実がある。昭和三年(一九二八)の張作霖爆死事件から敗戦(一九四五)までの天皇のご記憶を辿るものだが、実際の発見までには長い年月がかかった。

寺崎は昭和二十六年に五十歳で死去する。脳溢血であった。彼の遺品は寺崎の弟の平《たいら》から、寺崎の妻グエンと娘のマリコにわたされていたのだが、日本語を読めなかった二人は、その風呂敷包みをアメリカの家にしまっておいた。何人かの手を経て、これが昭和天皇の貴重な回想記と判明。全文が一九九〇年十二月号の『文藝春秋』に発表されると、大きな反響があった。翌年には寺崎の日記とマリコの「〝遺産〟の重み」も加えて、同社から『昭和天皇独白録　寺崎英成・御用掛日記』として出版された。

一九九〇年には、やはり文藝春秋から、お話を伺った五人の一人、木下道雄侍従次長の『側近日誌』も出版され、その中にも寺崎の書いたものと重なる部分がでてくる。

秦郁彦元日本大学教授は、『独白録』と『側近日記』の比較を行い、寺崎版にはない「我が国民に物心両面に多大な損失を与え……多くの忠誠の人々を戦争犯罪人たらしめ……我が祖先に対して誠に申し訳なく、衷心陳謝するところである」の木下版の部分は、注目はされなかったものの、「ある意味では一連の天皇談のなかではハイライト部分と称してよいのではあるまいか」としている。（註1）

そしてこの反省の部分こそが、田島家で発見された天皇の「謝罪詔勅草稿」に通じる部分だったのではないだろうか。

なぜこうしたものが作られたかについては、「東京裁判」のためを筆頭に多くの議論がなされてきたが、作成理由はさておき、幾つの手記が宮中にはあったのだろうという疑問が湧く。寺崎版と木下版の二つだけだったのだろうか。コピー機など存在しない時代のことである。あとの三人は、メモはとらなかったのだろうか。

田島の宮内府長官認証式は、昭和二十三年六月五日に行われているのだが、その日のうちに、式後「御書斎ニテ一時間十分拝謁　囬《ママ》顧録御貸下」と「囬顧録」が新長官に渡されている。七月三日にも「御囬想録ヲヨム」と出ている。十二月一日には、「11. 30　陛下　Memoir」とポツンとでてくるのだが、〝囬想録〟を〝メモワール〟と言い直したのであろう。

寺崎は昭和二十四年六月に御用掛を辞職、そして二十六年八月二十一日には死去している。彼の遺品は弟の平から未亡人と娘マリコに渡されたということだったが、『独白録』はいつ寺崎から弟に渡されたのだろう。辞職の時の寺崎が原稿と共に宮中を去ったとしても、二十三年に田島が読むことはできた可能性がある。ただ、田島の読んだ「回顧録」なり「回想録」なり、「メモワール」が寺崎版か木下版か、他の人の手によるものか、「日記」からは判明しない。

ともかくも、宮内府長官に就任した田島道治の初仕事は、「回顧録」なり「回想録」なり「独白録」なり、天皇の戦争記憶録を読むことであり、その筆記者の一人としての寺崎英成との出会いであった。

天皇の寺崎に対するご信任は厚かったに違いない。マリコの手記によると、寺崎が軽い発作でよろけたとき、天皇はご自分で寺崎を抱え、ソファにすわらせ、すぐ侍医をお呼びになったとある。また、「病気などで大変であろう」と、「……陛下は、ズボンのポケットから取り出した紙幣を一枚、恥かしそうに父の手に握らせてくださったのだった」とマリコは書いている。(註2)

この温かい関係は、昭和二十四年四月二十二日に吉田茂が宮内府を訪れることによって突然に断たれることとなる。その日付の田島の「日記」には、

「總理大臣来訪　寺崎ノコト　追テ返答ノ旨申ス」

とある。具体的な内容はわからないが、吉田の言うことを検討し返事をすると田島は応じ

たのであろう。

その内容がはっきりするのは、七日後の四月二十九日である。拝謁した田島は、

「外務省□□《不明》ノ為寺崎モ免官宮内府トシテモ自然ヤメルコト言上」

と「日記」に記している。寺崎は外務省から宮内府へ御用掛として出向いている人間であり、月給も外務省経理課からもらっている。外務大臣兼首相の吉田茂が彼の罷免をきめれば、宮内府としてもそれに従う以外にはなかったのだろう。その日のうちに、田島は吉田に報告する。

「吉田首相ニ寺崎ノコト奏上の旨話ス　Mc モ Bunker ニモ左程信用ナシ　宮中ニ居ラヌ方望ム旨話アリ」

と田島から報告を受けた吉田は、マッカーサーもバンカー副官も寺崎を信用しておらず、宮中にいないほうがよいと言うのだが、マッカーサーたちが寺崎を疎む理由があったかどうか、この点ははっきりしない。寺崎の有能さがＧＨＱにとってはかえって煙ったいのか、健康状態なのか、首相兼外相としての吉田の自発的な判断なのか、ＧＨＱの働きかけによるものかも、「日記」は触れていない。

五月二日の「日記」には「式部頭　寺崎ノコトetc」と短い記述がある。五月七日には「寺崎ノ経過報告」とポツンと出てくる。五月十二日の朝十時から十一時半に吉田首相は拝謁。そ

の日の五時半に田島は官邸を訪問している。そして「日記」の余白に、

「御礼ノ意は木物《ママ》不安ノ為カヘタ　此コト気ニカ、リシモ部屋ニ来ラレ　然シ御本心デナク整理トイフコトヲイフ　寺崎問題ノ御礼」

と書き込んであるのだが、この文章全体がどう寺崎の人事問題とかかわるのか、首相の拝謁や田島の官邸訪問と関係があるのかなども、この文面からだけではわからない。

　事態が動き出すのは、六月二十日である。

「寺崎氏来訪ヲ求メ　外務省免官ナラバ宮内庁モ辞表出サレタシトイフ　来室ニ承知ス　陛下モ御了承カト尋タ」

と「日記」にある。おそらく田島は電話で寺崎に外務省免官なら宮内庁にも辞表を出してもらいたいと伝えたのだろう。寺崎は長官室に来室し、宮内庁へも辞表をと言う田島に対し、「陛下も御了承ですか」と訊ねた。田島は当然「御了承です」と答えたのであろう。

　ここでの表現が〝宮内庁〟となっているのは、昭和二十四年六月一日から〝宮内府〟の名称は〝宮内庁〟と変ったからである。

　そして六月二十三日。

「寺崎ハ銀花瓶一個ト￥50――□□《不明》ノコト」

と銀花瓶と御下賜金が渡されることが決定。この数字は田島恭二氏が原文にあたって下さ

った結果、五万円であろうということになった。二十四日の余白には「寺崎賜物ト辞令」とあり、以上が「日記」にみる寺崎の人事問題である。ただこの寺崎罷免の件は、天皇のお気持ちの中でも、田島の中でも、ずっと尾を引いた形跡がある。

寺崎辞任を受け、昭和二十四年六月二十九日には、後任は松井明にしたいと、田島はGHQにバンカーを訪問し報告している。七月一日には松井に関する文書を外務省と交換。八月の天皇のマッカーサー御訪問から、松井の通訳が始まっている。

一つの疑問が湧く。吉田はなぜ寺崎を罷免したのだろうか。

『寺崎日記』は昭和二十三年二月十五日で終っている。田島の「日記」は続くが、罷免理由には触れていない。とすると、全くの推測にすぎないのだが、寺崎は吉田の不興《ふきょう》を買ったのではないだろうか。首相兼外相だった吉田の外務省における権力は絶大で、思い通りにならない人間を追放する例はあったと言われている。

ではどの辺りが吉田の不興を買ったのかを『寺崎日記』を含む著書から探っていこうとすると、自らの考えと意志に従って行動を起こす一人の外交官の姿が浮かび上がってくる。罷免時期に近い例だけを引くと、『寺崎日記』には当時外交部長だったウィリアム・J・シーボルトとの交流がしばしば出てくる。昭和二十三年二月十五日に『寺崎日記』が終ったあとの注には、寺崎のシーボルトに関係した活躍として二つのことがあげられている。一つは寺崎のシーボルトに対する提案である。米ソ冷戦の進む現在、国府軍の立て直しにアメリカが資金を注ぐのは間違いである。それより南朝鮮、日本、沖縄、フィリピンを結ぶ新たな防衛線でソ連に対抗しては如何。シーボルトはワシントンに電報を送るが、彼自身の意見を次のように付け加えたとある。

「寺崎は個人的見解だと念を押したが、以上は天皇を含む宮中高官の見解だと信ずべき理由がある。さらにこの意見には日本の利己的立場——占領が長引いてもよいから、米国が日本をソ連から守ってほしいという強い要請、さらに中国が日本に強くでられないような弱体のまま推移することを望む——が反映しているようである」と。(註3)

もう一つは「田島書簡」の背後のシーボルトと寺崎の動きなのだが、これらは〝宮中〟の意を体した寺崎がシーボルトと組んで直接の外交をしたともとられかねない。吉田の側からすると、〝二重外交〟ともとれるような出すぎた行動と映ったのかもしれない。

ただ寺崎の側からすると、私心は全くない。すべて皇室と日本のため、しかも天皇からも長官からも信頼されている。その上に立ってのご奉公という彼の自信が、吉田の決断とその結果に対して誤算をさせたのではないだろうか。

寺崎が宮中から去った翌七月の五日、十時半に拝謁した田島に、天皇は質問なさる。

「寺崎ハ何ト感ジテイルカトノコト　田島ハウランデモ皇室ハ大丈夫ト申上グ　人物ハイ、トノ御話故其点兄程デハアリマセンガト申上グ」と記されている。

ここに出てくる兄とは寺崎太郎のことで、やはり外交官である。天皇と田島にとって寺崎問題が尾を引くものだったことが、この会話から窺える。「田島のことは恨んでも、皇室をお恨みすることはございません」と田島は答えているのだが、寺崎が宮内庁を恨んでいるであろうことを、田島は充分に承知していた。

それより四日前の七月一日、後任の松井明に関する文書を外務省と交換した田島は、夜R・H・ブライス学習院大学教授の英語レッスンを受ける。

「Blyth　三十分斗リ稽古ノ後 clever 論から advice トナル　アンビション云々　クレバーハヨロシイガカクス必要アリ　老子ノ大愚ニ似タリ　クレバーデナイ　本務ニ熱心トイフダケトイフ　イヤソレハ人カラ見レバ同一トミエ同時ニ野心的ニ見エル　バンカーノ意見　バンカーの《ママ》為人 Mc ノ為人上ノ話　終局寺崎ノ□□《不明》ノ結果」

というブライスの〝アドヴァイス〟が記述されている。

これは寺崎についてではないだろうか。「〝クレバー〟はよいが、表に出すべきではない」

というブライスに、「いやクレバーではなく、職務に熱心なだけだったのだ」と田島は答えたのだろうか。するとブライスは、「いや、外から見るとアンビションとクレバーは同一に見え、バンカーも野心的という意見である」と読めるが、バンカーが寺崎を疎んじたのは彼が〝野心家だった〟からということなのだろうか。

敗戦後だけをとっても、GHQと皇室の間に立って寺崎がどれだけの働きをしたかについては、多くの証言がある。今回田島との御巡幸についての対談が発表されることになったシーボルト外交部長にしても、昭和二十三年十月に天皇退位の噂が流れると、まっさきに「私の友人で、総司令部と宮内庁との間の連絡官だったテリー・寺崎」に相談している。(註4)また、妻の遠縁にあたるマッカーサーの軍事秘書ボナー・フェラーズ陸軍准将の皇室擁護の努力と寺崎の関係についても、多くのことが語られている。(註5)また、『独白録』の英語版がフェラーズの遺品から発見されたのは一九九六年のことだった。発見者はNHKのテレビ番組制作スタッフでフェラーズの娘、ナンシー・フェラーズ・ギレスピーが保管していたものだった。ここから「東京裁判」のためという作成理由が出てきたわけだが、働きかけた人物はフェラーズと寺崎だったと言われている。

これだけの働きをしてもなお、自分は宮中を追われたという意識が寺崎にはあったのではないだろうか。そのことがはっきりするのは、昭和二十六年八月二十一日に死去した寺崎の葬儀の席上である。「兄の太郎は、宮内庁から届けられた花を自分の手では受け取らなかったほどでした」と弟の平《たいら》は語ったという。(註6)

「太郎は弟英成の死は過労によるもので、その原因は宮内省が英成を働かせ過ぎたことにあるとして、宮内省が贈った生花の受取りを拒絶したそうだ」

と娘のマリコも書いている。(註7)

だが、花を拒否した背景には、〝酷使〟だけでなく、寺崎の御用掛免官のさせられ方に対しても不満があったのではないだろうか。田島にしても、寺崎の〝恨み〟が自分に向かうであろうことは予期していた。もともとは、四月二十二日の吉田首相の宮内府への来訪からはじまった問題ではあったが、寺崎家の怒りの矛先は、外務省よりも実際の仕事の場だった宮内庁へ向かったのであろう。

あれだけ天皇のご信頼を得ていたのに、そして宮内庁も自分を頼っていたのに……いざとなると宮内庁は自分をかばってくれなかったという思いであろうか。

もしそうだとすれば、寺崎には気付いていない一つの事実があった。それはどれほど天皇のご信任が厚かろうと、首相の決定の前では天皇も宮内庁も無力であるという現実である。

田島道治自身の宮内府長官就任が、その好例であった。

昭和二十三年三月十日芦田内閣を発足させた芦田均総理大臣は、戦争によって潰滅状態となった日本経済の復興と民主化と、二つの目標を最重要課題としていた。その〝民主化〟のなかには、宮中の改革もふくまれていた。宮内府長官松平慶民《よしたみ》と大金益次郎侍従長を、芦田は同時に更迭しようとした。

――「政府の変る毎に宮内府の長官が交替するのは面白くないと思ふ」

と天皇はおっしゃったと『芦田均日記』にはある。(註8)

――「陛下は又『現在の長官、侍従長共によく気が合ふので』とも仰せられた。私は『左様な事情で強いて御願申すことは恐縮で御座いますが、内外の情勢から見て、一応の改組は皇室の御為めであり、又日本の為めかと存じます』と申上げたら、御嘉納になつた」

とある。(註9)

その後松平長官自身が芦田を訪ね、「お上は当分現状維持で行きたい御考へで、更迭を延期する訳に行かぬかと仰せられる」と伝えても、芦田は意見を変えなかった。(註10)

この宮中改革にはかなりの抵抗があり、入江相政侍従も次のように記している。

「……酒を飲み乍ら今度の宮内府の人事について色々聞き皆で歎く。長官、次長、侍従長と一遍に行ったら一体後はどうなるのだらうか。実に馬鹿々々しいつまらないことである」(註11)

内部がどのように見ようとも、首相の決定を変えることはできなかった。長官人事は難航するのだが、田島道治宮内府長官、三谷隆信侍従長の認証式が昭和二十三年六月五日に行われた。

「陛下は厳格な顔をして居られたが、私は自分の考が皇室の御為めになると確信してゐたから平然としてゐた」

と『芦田均日記』にはある。(註12)

どのように意に沿わない人事であっても、天皇には「厳格な顔」をなさることくらいしかおできにならなかったのである。

後に田島は天皇の厚い信頼を得るようになるのだが、最初は起伏の多い出発であった。

田島の「日記」には、その後も寺崎の名がときどき出てくる。昭和二十四年十月二十一日付には「Blyth Bunker ニアヒシ話　先方が寺崎ノ情報ヲ miss スルラシ」とある。田島が英語の教師ブライスからきいた話として、バンカーは寺崎の情報をミスすると語った由。彼の退官後、彼から有益な情報が入らなくなって残念だと語ったらしいが、寺崎の退官にはGHQも影響を与えたのではなかったのだろうか。

十月三十一日の「日記」には、「拝謁ハ寺崎ノコト」と出てくるが、前後に説明はない。

翌十一月一日の「日記」。

「御帰還後　御文庫ニテ拝謁　青山御所ハ無償ニテ払下ゲ出来ヌカトノ御話及寺崎関联ノコト　官長訪問ニテ困ツタコト話ス　黒田最近キ、シ所ニヨレバ二世ノ田上ハ寺崎ガ大金ニヨリテ何トカ云々トイヒ居リシトカ」

寺崎に関連したこととは、二世の田上という人物が、「寺崎が大金益次郎前侍従長によって何とか……」と言った話らしいが、この文面だけでは背景はわからない。

そして、翌十一月二日。

「10. 30　首相参内ニ付侍従玊ニユク　ソノ前ニ御尋ネノコトニテ拝謁ス　寺崎ノ件感涙ス　侍従長、次長　官長ニイフ　官長　戦争ト天皇ノ手記ヲ見セル　11. 45　首相ト寺崎ノコトノ経過話ス」

天皇は寺崎のことを考えておられたのであろう。そして、何かおっしゃった。田島もまた、そうだったのだろう。だから天皇のおっしゃったことの内容に感激し、落涙したに違いない。そのことを、田島はすぐに「侍従長　次長　官長ニイフ」と、三人に告げる。官長とは、松平康昌式部官長のことで、昭和二十一年に天皇のお話を伺った五人の中の一人である。そしてこのあと「日記」は、「官長　戦争ト天皇ノ手記ヲ見セル」と続く。この「戦争ト天皇ノ手記」というのは、例の「回顧録」のことではないだろうか。松平が取り出したこの聞き書きは、寺崎版か木下版か、それとも松平自身が書き留めたものなのだろうか。拝謁を終えた吉田が退出してくると、「寺崎ノコトノ経過話ス」と、田島と吉田は寺崎について話し合っている。もしかしたら吉田もまた、寺崎について思うところがあったのかもしれない。

昭和二十五年七月十三日の田島の「日記」には、「次長聖公会ノ人ノコト(寺崎　前田紹介)」とある。次長が聖公会の人と会ったことを田島に報告しているが、この人は寺崎と前田多門(内務官僚)の紹介で宮内庁へ来たのであろう。

娘マリコの手記へ戻ると、父英成の葬式で叔父の太郎が宮内省からの生花を拒否したと書いたすぐあとで、マリコは同じページに次のように記している。

「だが私は、父は喜んで御用掛を務めたと確信している。物心がついてからの私が、あんなに嬉々として職場に向かう父の姿を見たのは、父が御用掛に任命されてからのことだったのだから。

父は満足していたろう。真の生き甲斐を感じていたと思う。だから全力で陛下にお仕えしたのである。そして、そのような父を陛下が感謝され、常に優しく気遣ってくださったことは、父の日記の端々にはっきりと読み取れるのだ。」

きっと、その通りなのだろう。「寺崎はどう感じているのだろう」と案じられた天皇は、田島を泣かせるお言葉を口にしておられる。外務省免官なら宮内庁にも辞表をと迫った田島もまた、寺崎の真情と功績はよく解っていたに違いない。

寺崎に関する「田島日記」における最後の記述は、昭和二十六年九月五日である。

「寺崎告別式　青山」

とポツンと出てくる。

宮内庁からの供花は遺族によって拒否された。それでも長官は出席したのだろうか。それとも青山での葬儀に思いを馳せ、天皇の御心も推察しつつ、この一行をしたためたのであろうか。

〔註〕

註1…秦郁彦『昭和史の謎を追う』(下)(文藝春秋　一九九三年)一五一―一八ページ、引用は一七ページより

註2…寺崎英成・マリコ・テラサキ・ミラー編著『昭和天皇独白録　寺崎英成・御用掛日記』(文藝春秋　一九九一年)四〇六―四〇七ページ

註3…前掲書三七六―三七七ページ

註4…ウィリアム・シーボルト著・野末賢三訳『日本占領外交の回想』(朝日新聞社　昭和四十一年)一四〇―一四一ページ

註5…岡本嗣郎『陛下をお救いなさいまし――河井道とボナー・フェラーズ』(オーム社　集英社発売　二〇〇二年)二二二、二六三―二六四ページ。高橋紘＋鈴木邦彦『天皇家の密使たち』(現代史出版会刊　徳間書店発売　一九八一年)三八―四〇ページ

註6…前掲書『昭和天皇独白録』七ページ

註7…前掲書　四〇六ページ

註8…芦田均著　進藤栄一編纂者代表『芦田均日記』第二巻(岩波書店　一九八六年)九〇ページ

註9…前掲書　同ページ

註10…前掲書　九五ページ

註11…入江為年監修『入江相政日記』第二巻(朝日新聞社　一九九〇年)二三九ページ

註12…前掲書『芦田均日記』第二巻　一二三ページ

四　「秩父様事件」　昭和二十四年

「田島日記」における一日の記述は短く、文章も説明が省かれていることはすでに述べたが、その断片をあちらこちらから拾い集めると、思いがけない事件なり背景なりが浮かび上がってくることがある。

吉田茂による林敬三宮内庁次長の引き抜き問題の発端は昭和二十四年に起こるのだが、詳しくは次章で述べる。この年に田島はもう一つの事件に頭を痛めることになった。この件は吉田とは直接の関係はないのだが、報告は吉田へきちんととどけられている。

ここで取り上げる「秩父様事件」についてはすでに『文藝春秋』で発表したが、(註1)枚数の関係で省いたものなどを加筆、重複するものは除き、整理再現することとする。

〝断片〟から見えてくるもののひとつに、「秩父様事件」と「日記」に記された事件がある。秩父宮の発言をめぐり、GHQと宮内庁、ついには昭和天皇までを巻き込む波紋が広がっていった。これまではほとんど触れられたことのないこの事件について、「田島日記」をもとに見ていきたい。

事の起こりは昭和二十四年七月十三日のことだった。十三日付の「日記」は以下のように述べている。

「電話アリBunkerノ会見希望トノコト　五時単独ニテユク　秩父様ノInterviewヲ陛下ニモツテユクトイウ　其後ノ措置ノコトニハフレズ　三谷ト相談シ三谷家ニテsupperヲトリ葉山ニ参上ス」

バンカーとは、連合国最高司令官マッカーサーの副官を務めたLorence Bunker大佐のことである。宮内庁長官といえども田島はマッカーサーと直接話すことはできず、いつもバンカー副官が宮内庁関係者をGHQに呼びつけ、先方の意向を伝えていた。この日も田島は夕方五時に日比谷第一生命館のＧＨＱへ呼ばれたのである。そこでバンカー副官に秩父宮の「インタヴュー」を見せられ、天皇におみせするぞ、と警告されたと読める。

それを一読した田島が困惑したことは、すぐに三谷隆信侍従長邸に相談に行き、そこで夕食をすませてから、夜にもかかわらず、葉山の御用邸へうかがい昭和天皇に言上という行動をとったことからもわかる。

ここで、秩父宮の「インタヴュー」とはいかなる内容のものだったのか、そしてＧＨＱは何を問題視したのか、という疑問が当然出てくるが、それについては後に詳しく検討しよう。ここでは、「日記」にしたがい、しばらく田島の行動を追うことにする。十三日の夜遅くに葉山から帰ったに違いない田島だが、翌十四日はＧＨＱからの批判をどうかわすか、早朝から対応に追われる。林敬三次長を長官官舎へ呼んだ田島は「□□《不明》シテ秩父様事件話ス」と、ここではっきりと「秩父様事件」と呼んでいる。側近たちの分担も決められた。田島自身は、秩父宮を御殿場に訪問。黒田實式部官はＧＨＱへ行き、前日に田島が葉山へ参上し、この日は秩父宮を訪問することをバンカーに報告する。三谷侍従長は吉田首相を訪問することと決められた。十四日付の「日記」を引用する。

「三谷ハ此朝吉田総理ニ報告ス　外務省ニテモ若シ文書ヲ出ス場合トナレバ関係ストノコト　9. 05発御殿場行　Mutsu ノ Misrepresentation 大部分ニテ殿下ノ意思ハ日本人ノ自覚

反省警告ニテ進駐軍ノ批評ニアラズトノコト　少シ争フ」

御殿場で、秩父宮はGHQの懸念はあたらない、と述べられ、田島は反対意見を述べたのだろう。「少シ」言い争いになった。

ともあれ、秩父宮との会見を済ませ、午後二時十一分の汽車で帰京した田島は、黒田式部官と共にGHQへ行く。

「……Bunker訪問　アリノ侭イフ　自分ニ殿下ハI regret的ノコトヲイハレタトイフ　Misunderstandノ元因《ママ》ヲマキシコトニツキBunker了承ス　但シクギヲササル」

どういう〝クギ〟をさされたのかは書かれていない。このあと田島はすぐに吉田首相を訪問、三谷侍従長は葉山へ行く。

翌十五日には、田島が葉山へ再度参上する。

「10. 17発ニテ葉山行　弁当持参　食後1―2拝謁　委曲昨日ノコト言上ス　或ハ逆効果カモシレヌガ三殿下ニ此際為念ノ注意ヲ申上ゲル様御命令アリ　尚大宮様ニモ言上セヨトノコト」

昭和天皇は田島に、秩父、高松、三笠の三殿下に対して「逆効果かもしれぬが」言動に注意するよう伝えよ、と指示し、皇太后にも報告するようにと述べられた。

午後四時過ぎに帰庁した田島は、黒田式部官を同道してGHQにバンカーを訪ねる。そして「陛下ハ General ノ新聞記者ニ関スル注意ニ全ク同感ニテ　従来モ宮様方ニ御話アルモ今回更メテ伝達スル様田島ヘ下命アリタリトノコトイフ」と告げる。バンカーは、マッカーサーへ報告すると応じた。

こうして「秩父様事件」は一応の決着をみるが、七月十三、十四、十五日の三日間、天皇も含め側近たちがいかにこの「インタヴュー」なるものに振り回されたかが、「日記」からは鮮明に伝わってくる。秩父宮は、一体何をおっしゃったのだろうか。「日記」から推測できる点を挙げてみよう。

まず、秩父宮の「インタヴュー」をGHQが入手し、その内容を問題視したこと。またGHQが問題にしたのは、秩父宮発言の「進駐軍ノ批評」だったことも秩父宮の弁明から読み取れる。

占領下の日本で、皇族によるGHQ批判。これが大きな波紋を呼んだことは想像に難くない。では、この「インタヴュー」で、具体的には秩父宮は何を語っていたのだろうか。そして、Mutsu とは何者なのだろうか。

ここで一挙に、四十七年という歳月を飛び越えることにする。

平成八年、『中央公論』十一月号に、秩父宮による二本の未発表原稿が掲載された。ひとつは「陸軍の崩壊」と題され、もう一本は「占領政策の批判」。ともに、昭和二十四年七月という あの日付が付されている。しかし、この未発表原稿には大きな謎があった。この原稿が、どういった経緯で、何のために書かれたのかが、この『中央公論』の記事からは判然としないのである。

その理由は、この原稿の発見の経緯ともかかわっていた。この記事には、秩父宮の未発表原稿とともに、高松宮妃喜久子さまによる談話「思い出の秩父宮さま」が掲載されている。そのなかで、高松宮妃は、この未発表原稿が発見された経緯を語られた。

この秩父宮直筆の未発表原稿は、平成七年にご逝去された秩父宮妃の遺品整理中に出てきたものである。本や雑誌に発表したものを除き、あとの雑記は燃やしてしまうのが秩父宮の御遺志だったと、高松宮妃は語っておられる。秩父宮妃も、「全部燃やしてしまうつもりよ」と言っておられたので、何か残っているとは考えられなかった。ところが秩父宮妃逝去の一年後、御遺品の整理をなさった高松宮妃は、「古い写真アルバムや、さまざまな書類、手紙類、何カ月かかけて段々に見ておりましたところ、秩父宮御直筆の未発表原稿が一束出てまいりました。(略)それが、『お焚き洩らし』の、しかも拝見してみればちょっと微妙な内容の未発表エッセイが混じってもいるもので、私は驚いてしまって、これをどうすればいいか、一時途方に暮れました」と語っておられる。そこで、三笠宮にご相談のうえ、『高松宮日記』全八巻を刊行中の中央公論社嶋中鵬二会長に相談なさり、『中央公論』誌上での公開となったのだった。(註2) つまり、この未発表原稿が発見された平成八年の時点では、この原稿が書かれた当時の状況を知る手がかりは失われていたのである。

しかし、私たちは「田島日記」により、まさに昭和二十四年七月、秩父宮が「進駐軍ノ批判」をしたとして、GHQから警告された事実を知っている。それと、この未発表原稿とは、何らかのかかわりがあるのではないか。そこで、『中央公論』に発表された秩父宮論文の内容をみてみたい。

まず「陸軍の崩壊」は、「……軍の最高部にしつかりした人物がゐて所謂独裁が確立してゐたならばあの様にずる〳〵と満洲事変から太平洋戦争までだらしなく突入すると言つた自殺行為は避け得られなかつたにしても全く姿の変つたものとなつたと思ふ」のように、陸軍と閑院宮参謀総長に対する厳しい批判である。

そして「占領政策の批判」である。GHQが問題にするだろう記述を抜き出してみる。

「米国だけについても世界情勢の推移に応じて対日態度の変るのは止むを得ないことだから其の政策のぐら〳〵してゐることを責めるのは無理ではあるが……」

「一部の政策担当者は米本国を出されたニューディール派だと言はれてゐたから、日本が満洲国で行つた様に、本国では行はれないことを日本でやつて見ようとした点もあつたかも知れない」

また、共産主義者に自由と「絶好の機会」を与えたあとで、「最近になつてＧＨＱが如何に共産主義の害毒を強調してもそれは既に手遅れだつたと断ずる外はない」、「日本の実情に即しない米国制度の直輸入も大いに批判されなければならない。（略）教育制度にしても、自治体の警察制度にしてもあせり過ぎてゐる様に感ぜられる」などがあげられる。

四百字詰め原稿用紙にすると七枚ほどで、日本側に対する批判はあるものの、「日本政府を残し之に相当の権限を与へたことは占領軍の負担を軽くすることは出来たであらうが、他面日本人に敗戦を忘れしめ甘い気持にさせた」とあるように、ＧＨＱに対する批判に裏打ちされている。

こうした発言は今日では問題視されるようなものではないだろう。しかし、昭和二十四年という占領下においては昭和天皇の退位論もおさまっておらず、また、皇室そのものの存続も堅牢なものとはいえない状況にあった。そのなかで秩父宮が示した勇気と見識に、ＧＨＱが反発し、周囲が困惑したのもうなずける。

ただ、この「未発表原稿」は、秩父宮によって直接書かれたものであり、バンカー副官が田島に示した「インタヴュー」と同じ内容であったとは断言できない。しかし、書かれた時期が一致していることと、「日本人ノ自覚反省警告」という秩父宮の「インタヴュー」の趣旨からしても、秩父宮がまったく違う内容を語られたとは考えにくい。「インタヴュー」の内容が、未発表原稿と共通するものだったとして、さらに疑問は残っている。この「インタヴュー」が誰によって行われ、いかにしてGHQの目にとまったか、という点である。

ここでまた、昭和二十四年七月の三日間へ戻ることとする。

七月十三日に田島は葉山で昭和天皇に拝謁。御下命を受けて十四日には御殿場の秩父宮邸へ参上した。秩父宮は、「これは日本人への警告であって、進駐軍批判ではない」とおっしゃっている。「Mutsu ノ Misrepresentation 大部分ニテ」との「日記」のこの部分はすでに引用した。

このMutsuこそ、「インタヴュー」を行った人間であろう。GHQの誤解は、このMutsuの間違った伝え方のせいだと秩父宮はおっしゃっている。

GHQが内容を問題にしたということは、この「インタヴュー」は、記事にしろ原稿にしろ、英語で書かれたものではないだろうか。インタヴューが日本語でなされたとしても、最終的には英語でなければならないはずだ。

秩父宮をインタヴューした人間は十四日の「日記」に出てくるMutsuであるとしても、実は問題があった。

この綴字が何ともあいまいなのだ。私が読んでいる田島の「日記」は、原本ではない。すでに述べたように、あまりにも達筆で読めない私のために、田島恭二氏が何年にもわたり手書きで写し直して下さったものである。この名前の原本の部分を再度読んで下さった恭二氏の説明によると、三字目のtは1とただの棒なので、そこへ横棒をご自分で足したとのこと。四人のアメリカ人の友人に原本の名前をみせると、Mulsu, Mulsa, Mutsa, Mutsuといろいろ出てきたが、Mutsuが一番可能性があるということになった。

この人物は何者なのだろう。十五日の「日記」からみると新聞記者らしいが、日本の、アメリカの、英国のなど、どこの国のだろう。

内容については、ムツの間違った説明なり伝え方のせいだと秩父宮が答え、しかも"misrepresentation"のmが大文字になっているところから、ムツは悪意をもち、または意図的に誤訳したに違いないと、アメリカ人の友人たちは言った。だが、十四日の"Misunderstand"も大文字になっているし、田島は急いで書いているので、他の箇所でも普通名詞を大文字にすることはある。ムツが意図的に云々はないのではないだろうか。秩父宮に拝謁したときの田島は、英文のインタヴューをすでに読み、眼の前に置いて話していると推察されるので、「少シ争フ」は、「そうおっしゃっても、この箇所は批判ととられるのではございませんか？」などと反論したのであろうか。軍部に対する批判は許されない時代の次には、占領軍に対する批判は許されない時代が続いた。現代の感覚からすると、隔世の感がある。そしてそのひとつひとつを田島は吉田に報告していたのだ。

このインタヴューは、どこかに発表されたものなのだろうか。発表されないまでも、宮内庁とGHQとの間にこのようなトラブルがあったことは記録に残されているのだろうか。

これらの疑問を解くために、私は次のことを試みた。

まず、秩父宮ご自身のお書きになったものを読むこと。『英米生活の思い出』（文明社出版部　昭和二十二年）、『御殿場清話』（柳沢健インタヴュー　世界の日本社　昭和二十三年）の二冊は、問題の「インタヴュー」以前に出たものだが、この頃からマスコミに登場し、対談、座談会、エッセイなども書いておられたことを、保坂正康『秩父宮と昭和天皇』は指摘している。（註3）だが、GHQ批判ととれるインタヴューなりエッセイは、『雍仁親王実紀』（吉川弘文館　一九七二年）や「秩父宮を偲ぶ会」による作品からも発見されなかった。（註4）昭和二十四年の日本はGHQの検閲下にあったわけだが、何かの痕跡でもと、『朝日』『読売』『毎日』の三紙の昭和二十四年五月一日から七月三十一日までを調べてみたが、出てこない。また竹前栄治監修『GHQ指令総集成』(エムティ出版　一九九三年)十五巻と竹前栄治監修『GHQへの日本政府対応文書総集成』(エムティ出版　一九九四—一九九六年)二十五巻の該当箇所を調べてみたが見当たらなかった。GHQと日本政府の公式なやりとりには発展しなかったらしい。その他マイクロフィルムなどの関係資料の調査では上智大学図書館の佐々木祥子氏の御協力を得た。

「インタヴューを行った人物は誰か?」の疑問については、思いがけない展開があった。綴字さえも特定できないでいた私は、ある日英国人の友人ドロシー・ブリトンに「日記」の七月十四日付の部分をみせた。英国貴族夫人なので、正式にはレイディ・バウチャーである。秩父宮妃著『銀のボンボニエール』(註5)の英訳者でもあるドロシーが、「あら、私の友人のイアンだわ」と教えてくれたのだ。日本で生まれ育ったドロシーは戦争中はアメリカですごし、昭和二十四年に日本に帰り、英国大使館にパブリケーションズ・オフィサーとして勤務、GHQにも時折出向いていた。ドロシーはイアン・ムツの書いた「The Mutsu Family」(『*Britain and Japan : Biographical Portraits*』Vol. II, 1997所収)と題する英文のエッセイを渡してくれた。

そのエッセイを読んで驚いた。

英語名Ian Mutsu(一九〇七—二〇〇二)、日本名、陸奥陽之助というこの人物は、第二次伊藤博文内閣の外務大臣だった陸奥宗光(一八四四—九七)の孫であった。父は、陸奥宗光の長男で、外交官となった広吉である。ケンブリッジ大学に留学中の広吉は、ガートルード・エセル・パシンガムという女性を愛し、父の反対を押し切って結婚することになる。イアンのエッセイによると、エセルは秩父宮の英語教師でもあったという。この縁もあって、後年、息子のイアンが秩父宮にインタヴューを行った、とも考えられる。ドロシーによると、イアンは外見も英語も英国人、心の広い親切な人物だったという。

さて、イアン・ムツ(陸奥陽之助)はエッセイの中で自分自身の経歴にも触れている。一九三一年に米資本の *Japan Advertiser* 紙のジャーナリストになり、ロンドンの *Daily Express* 紙にも記事を書いた。同盟通信社の部長も務め、戦後はUP通信の記者としてGHQにも出入りしている。その後、イアンは映像へ興味を移し、一九五二年にはインターナショナル・モーション・ピクチャー会社を設立、主に日本についてのドキュメンタリー映画製作に乗り出した。

ここでまた「田島日記」に戻ると、十四日の秩父宮の発言、「Mutsu ノ Misrepresentation 大部分ニテ(中略)進駐軍ノ批判ニアラズトノコト」に対して、「少シ争フ」とあるのは、田島の反論が原稿なり記事なりの内容についてだけではなかった可能性がある。御殿場から上京されると、秩父宮両殿下は、田島の紀尾井町にある長官官舎を宿舎としておられた。その間はずっとご一緒だったし、お二方の田島に対する信頼は厚かった。昭和四十三年十二月に田島が八十三歳で死去したあと、秩父宮妃は、「ひとつやに　すぎしこのかた親のごと　宮なき後をたのみしものを」と詠んでおられる。こうしたことを考慮すると、イアンが長官官舎に秩父宮を訪ねた可能性、または田島がイアンを個人的に知っていた可能性もあるのではないだろうか。そうだとすると、「日記」の「少シ争フ」は、「あの人物が誤訳なり、誤解を招くようなことをするはずはございません」という主張を田島がしたのかもしれない。

二〇〇二年に死去したイアン。

「もう三年早くこの話をしてくれればよかったのに。そうしたら、イアンから直接聞けたのに」

と、友人のドロシー・ブリトンは嘆いてくれた。歴史の証言者はどんどん消えてしまう。何でも、誰にでも、根掘り葉掘り聞いておかなければと、口惜しく思う。

『銀のボンボニエール』の二八三ページには、米国人記者がインタヴューにきたとあるが、マッカーサーの厚木到着のすぐ後に出てくるので、昭和二十年のことであろう。その三ページあとから、昭和二十四年になり二月からストレプトマイシンによる治療がはじまったとあるので、二十四年七月に問題にされるインタヴューのことではない。

だがMutsuが陸奥陽之助と判明すると、彼がおしゃれで「陸奥さま」と、外食するレストランなどの従業員たちに慕われていたこと、九十二歳で結婚したという記事などが目に付くようになる。(註6)

また、昭和二十二年十二月二十六日の東京裁判における東条英機の個人弁論の記事を*Pacific Stars and Stripes*に書いたのはイアン・ムツ記者であること。その事実を牛村圭『「文明の裁き」をこえて――対日戦犯裁判解読の試み』(中公叢書　二〇〇〇年)の中でみつけコピーを送ってくれたのは、田島道治に関連してずっとお世話になってきた文藝春秋の前島篤志氏であった。これからも、(え、こんな所で……)とMutsuの名に出会うような予感がする。

GHQとの関係は後に再度触れるとして、これまで田島の「日記」の背景はかなりはっきりしてきた。バンカー副官が田島長官をGHQに呼んで示したものは、UP通信のイアン・ムツ記者による秩父宮のインタヴューで、内容は四十七年後に『中央公論』に掲載された御本人の手記に近いものではなかったろうか。

では、昭和二十四年七月の時点で、イアン・ムツによる「インタヴュー」は、海外の新聞や雑誌に記事として掲載されたのだろうか。占領下日本の検閲は厳しかったが、海外の新聞雑誌は検閲がなく、占領政策批判も自由だった。もし記事として出たものなら、GHQがこれを入手し、田島に突きつけたことになる。

だが、記事になる前の原稿の段階だったとしたら、バンカーはどうして「インタヴュー」を入手できたのだろうか?

イアン・ムツ記者が「インタヴュー」を記事にして、これをアメリカの新聞にのせたという可能性を先ず考えることにした。

この疑問を追求する過程で、国会図書館の横山順子氏、藤原房子元『日経』編集委員、米国議会図書館に長年勤務なさった谷口真弓氏、同図書館元日本課副主任吉村敬子氏、沢西良子氏の御協力を得たことを記しておきたい。

アメリカにおける雑誌記事や新聞記事の検索に使われるProQuestは、主に一九八六年以降を扱っている。秩父宮インタヴューは昭和二十四年、一九四九年七月である。「プロクエスト」の中でその時期を扱うのは新聞六紙——「ニューヨーク・タイムズ」、「ウォール・ストリート・ジャーナル」、「ワシントン・ポスト」、「クリスチャン・サイエンス・モニター」、「ロス・アンジェルス・タイムズ」、「シカゴ・トリビューン」だが、「秩父宮インタヴュー記事」は発見されなかった。

また、同様の情報提供業者LexisNexisは、一九六六年の設立である。

英文のインタヴューがどこかに掲載されたかという疑問は、今のところ解けていない。では、「インタヴュー」が原稿段階のものだったとして、GHQはそれをどうして入手したのか。

エッセイ「The Mutsu Family」で、イアン・ムツは次のように記している。

「Soon after the war I was employed by United Press as a news writer. I gained the position of news reporter accredited to General MacArthur's headquarters.」

戦後間もなくUP通信のニュース・リポーターとなったムツは、マッカーサーの総司令部に関係する、とある。だが、この〝accredited to〟が具体的にはわからない。

そこで五人の英米人にきくと、「用法が間違っている」、「意味不明」という答が返ってきた。

次にジャパン・タイムズの編集者に当時の事情を知る編集局幹部のOBに質問してもらうと、〝マ司令部取材記者〟となったということだろうと、明快な答が返ってきた。当時のGHQは絶大な権力をもっていたから、そこへ出入りする記者も厳しく制限されていたと思われるとのことであった。それならば、検閲下にはないUPの記者だったムツが、「実はこのようなインタヴューをおこなったのですが……」と、GHQにお伺いをたてたとしても不思議ではない。彼は原稿に対する許可をもらいたかったのだろうが、原稿はそのままバンカー副官のもとに送られ、「秩父様事件」へと発展したのではないだろうか。

下書きなり原稿の写しなりがのこっていないかどうか、ドロシーの紹介で御遺族に探して頂いたのだが、御自宅にはないとのことであった。

昭和二十四年七月十五日、田島宮内庁長官がバンカー副官に釈明することで、「秩父様事件」そのものは終結したらしい、と前に述べた。実は、この出来事は以後三回「田島日記」に登場する。ただし、呼び名は「ムツ事件」と変っていた。

七月十七日には「松平康昌氏ヨリ電話 昨夜帰京 Mutsu case ノコト話ス」とある。松平康昌は式部官長だが、前夜帰京とあるので留守だったのだろう。二回目も同日付で「1.30 松平恒雄氏訪問 Plum 進呈 Mutsu case」とある。松平恒雄は駐米・駐英大使を歴任、宮内大臣も務めた。「事件」について報告しているのだが、切迫した雰囲気ではない。九月十二日には友人の安倍能成《あべよししげ》(一八八三―一九六六)を訪れ、「Mutsu 事件報告ス」と、こちらも事後報告のおもむきが強い。

しかし、GHQからの抗議によって、側近のみならず天皇まで巻き込んで揺れ動いた三日間の記述からは、自由な言論もままならない皇室の状況、そして占領軍の厳しい言論統制の一端が明確にうかがえる。今となっては「田島日記」にしかのこらない三日間にわたる「秩父様事件」の短い記述は、当時の困難な現実の証言ともなっているのだ。

〔註〕

註1…加藤恭子「田島日記が明かす『秩父様事件』」(『文藝春秋』 二〇〇五年五月号)三七〇―三七五ページ

註2…高松宮妃喜久子・談「思い出の秩父宮さま」(『中央公論』 一九九六年十一月号)五二―六四ページ。秩父宮雍仁親王未発表原稿「陸軍の崩壊」(昭和二十四年七月)(同)六五―六九ページ。同「占領政策の批判」

（昭和二十四年七月）（同）七〇―七三ページ

註3……保阪正康『秩父宮と昭和天皇』（文藝春秋　平成元年）四四七―四五七ページ

註4……鈴木昌鑑監修　芦沢紀之編纂『秩父宮雍仁親王』（秩父宮を偲ぶ会　一九七〇年）

註5……秩父宮妃勢津子『銀のボンボニエール――親王の妃として』（講談社　一九九四年）二八三ページ

註6……下重暁子「素敵に加齢するために」（『週刊新潮』　二〇〇五年八月十一日・十八日号）一二六―一二八ページ

五

人事問題
――林敬三の場合

昭和二十四―二十六、二十七年

明治四十年生まれの林敬三は、内務省を経て昭和二十三年八月宮内府次長、翌年六月に改称のため宮内庁次長となり、長官田島の片腕として仕事をこなしてきた。

田島の「日記」における彼の人事問題の発端は、昭和二十四年九月五日の増田甲子七《かねしち》官房長官の突然の来訪であった。第一次吉田内閣(昭和二十一年五月成立)ですでに運輸大臣を務めた増田は、第二次吉田内閣(昭和二十三年十月成立)では労働大臣、第三次では昭和二十四年二月十六日から二十五年五月六日まで内閣官房長官を務めている。五月六日以降は建設大臣となる。

また、宮内庁を来訪した九月は、彼が国務大臣も兼任していた時期であった。

その九月五日、田島長官は、英国大使館へ行ったり、他の用事で外出。

「此留守ニ官房長官来訪　林次長ニアヒ　直接官房次長ニ誘ヒヲカケルトノコト　ヤヽ憤慨　場合ニヨレバ辞耘ト考フ」

来庁した増田は、林にいきなり官房次長になってくれないかと誘った。もちろん吉田の意向を受けての行動だったのだろう。これを聞いた田島は、「やゝ憤慨」と書いているが、抗議辞職も考えるほどだから、内閣のやり方によほど腹を立てたに違いない。

八日に「首相ニ会見希望ノ手紙出ス」。

十日は友人の安倍能成と「同車図書寮ニユク（安倍ニ林次長ヲトリニ来タコト（中略）話ス）」と、報告している。その夜、増田官房長官夫妻が来訪する。

「条理ヲツクシテ林ノコト断ル　コレニテ握手トイフモ手ヲ出サズ　但シ理由ハ諒トセル様子」

と「日記」にある。林のことを断った田島に、増田は、「では、これで」と握手を求めたが、田島は手を出さなかったと記されている。

十一日朝八時頃吉田は田島を外相官邸へ招き、朝食を共にしている。

十二日安倍能成に会ったとき、田島は「次長横取問題ノ経過辞耘ノコトトナササウノコト」

と、この問題が片付いたことを報告している。

十五日には、十一時に宮内庁を出て首相官邸へ。

増田に会うと、「吉田総理ハアキラメタトノコト　自分ハマダ未練ノ意アリ」と、増田はまだ林をあきらめていない。

十月二十四日に来訪した増田は、他のことと同時に林を欲しい旨を再度伝えている。

「總理発言セバ辞表出ストノコトナリシモ總理ハイフ意思ナク断念セリ云々」

と、吉田が再度言い出したら田島は辞表を出すと決めているのだが、吉田はあきらめた様子である。

帝国大学法学部卒業後内務省に入り、企画院課長、内閣参事官、内務大臣秘書官、鳥取県知事、内務省地方局長などを歴任した林の経歴は、確かに宮内庁よりは内閣に近い。吉田も増田も、林の能力と人柄を知った上での執心だったのだろう。その能力について、「……新しい、組織を作ったり規則を作ったりするのが得意」と徳川義寛元侍従長は評している。(註1)

昭和二十四年九月五日に始まった林次長獲得の動きは、当時においては田島の「日記」の記述通り、内閣官房次長に就任してほしいという誘いだったのかもしれない。だが、日本を取り巻く世界状勢などの変化も背後にはあったと考えられる。

昭和六年に外務省に入り、敗戦直前は条約課長としてポツダム宣言の翻訳を行い、占領中は外務省の「平和条約問題研究幹事会」の常任幹事役を務め、戦後外交に直接かかわった下田武三元駐米大使は、昭和二十四年という年を、アメリカの初期占領政策の転換、再検討の作業が動き出した年と捉えている。

翌昭和二十五年六月二十五日に朝鮮戦争勃発。在日米軍を朝鮮に派遣したマッカーサーは、七月八日に吉田に書簡を送り、七万五千人の国家警察予備隊の創設を要求した。

「この警察予備隊はその後、保安隊を経て自衛隊と名称を変えていったように、『警察』の名を冠しながらも米国が初めて日本に自衛力の保持を認めたものである。それは、日本の徹底的非軍事化を目指した初期占領政策が百八十度転換したことを意味した。」

と下田は述べている。(註2)

これが、七月八日。GHQからのこの新指令により、林獲得運動は新しい展開をみせることになったのではないだろうか。

昭和二十五年七月十四日付けの田島の「日記」には、

「首相内奏　検事総長認証式ニ来リ　次長ニ新規警察長官ノ話ナゾノ如クイフ」

という興味深い記述がある。認証式のために皇居にきた吉田が、直接に声をかけたとある。後に林の後任となる東京都教育長の宇佐美毅の名前が出てくるのはその翌日だが、これは〝林次長の後任〟としてではなく、鈴木一侍従次長の後任としてである。池田《いけだ》成彬《しげあき》（銀行家。一八六七―一九五〇)を七月二十二日に訪問した田島に、池田が宇佐美を鈴木の後任にしてはと質問したのだった。

「人柄才能ヨロシ　モット野心アリ　受ケマイ　次長ナラ兎ニ角　兄ヲヨンデキイテモヨイ」

と田島は答えている。

林に固執していた増田甲子七内閣官房長官は、これより二カ月半前の二十五年五月六日で辞任して建設大臣となり、後任は二十五年五月六日から二十六年十二月二十六日までが岡崎勝男(一八九七―一九六五)、その後二十七年十月三十日までが保利茂《ほりしげる》(一九〇一―七九)となる。吉田首相から直接、またはこの人たちを通して、吉田の意向は宮内庁へ伝えられることになる。

昭和二十五年八月八日「次長ト雑談(中略)湯川博士ノコト　予備隊ノコト」と、林の人事は警察予備隊への話であることがはっきりしてくる。

内閣への引き抜きに対しては辞職するとまで言って反対した田島だが、吉田が直面することになった新しい事態に対しては、黙って見守っている様子である。

八月三十一日、「夕方　次長来訪　官房長官ヨリノ話」と、岡崎官房長官からの話について林は報告する。

九月一日、「次長トイロイロ　警察総隊長断行ノ決意トカ」と、林自身も警察予備隊の責任者になることを決意したらしい。こうなれば、田島は職を賭《と》しても反対とは言えないのだろう。

二日、「次長　昨午後官房長官トノ話　中々ヒッコマヌトノコト（中略）何レ長官ニ進退任ストイフコトニナルトイフ意ヲイフ　此意味ヲ官房長官ニイフコト」と、林次長の進退は田島にまかせられた。三日には、田島は人を介して宇佐美に働きかける。四日の一時から二時半、「岡崎官房長官　次長のこと　従来の経緯と洋行の事希望す　後任の事いふ　林同席　宇佐美一本槍」と、この部分は平仮名で書かれている。九日には新聞記者が林の取材に訪れ、宇佐美後任と書くと言ってくる。

十二日、「次長　読売記者ノ話　予備隊payノ問題」と給料の話もしている。十八日には「次長　昨日宇佐美ニ引継済トノコト」と、宇佐美への引継ぎも終っている。この日、田島はバンカーをGHQに訪問、宇佐美後任の承諾を得ている。

二十日「官房長官訪問　首相手紙ノコト　累の及ブコトヲ恐ル、コトモアリ云々イフ」と吉田からの手紙について何か言ったらしいが、一年にわたる吉田の林引き抜きの努力は実ったことになる。

十月から、林は警察予備隊警察監に就任、十二月には同総隊総監、二十七年八月には保安庁第一幕僚長として自衛隊の創設にかかわり、二十九年七月には防衛庁統合幕僚会議初代議長に就任することになる。

戦時中は海軍日本語情報将校、昭和二十七年まで外交官として日本に滞在し、その後国務省で日本・東アジアを担当したリチャード・B・フィンは、

「朝鮮戦争が日本に直接もたらした最大の結果は、日本の限定的再軍備指令をマッカーサーが下したことだった。（中略）日本の再軍備を決定したのは、一九四六年に日本の永久武装解除を命じたと同じ連合国最高司令官マッカーサーだった」

と述べている。（註3）アメリカ側から占領を見ていたフィンにも、情勢によって変化するGHQのやり方は、秩父宮が昭和二十四年七月という早い段階で書かれた「占領政策の批判」と同じように目に付くものであったのだろう。


昭和二十七年七月三十一日には、保安庁法が交布される。保安庁を設置するもので、八月一日に吉田が保安庁長官を兼任することになった。警察予備隊は保安隊となり、林敬三は保安庁第一幕僚長となった。この年の十月三十日からの第四次吉田内閣においては、保安庁長官は吉田の兼任ではなく、木村篤太郎《きむらとくたろう》（一八八六―一九八二）が就任する。

その十五日前の十月十五日付の「日記」には、次のような記述がある。

「10-10. 30　青山　保安隊Parade　首相大シタ事ナリ　軍国調正当ニハヨキモ変ニ起

キヌヤウト思ウ」

青山で保安隊のパレードがあり、吉田が総指揮官として隊員の礼を受ける様子を見た。様々な思いが田島にはあったのだろう。厳しい占領下では考えられなかった光景。主権を回復したという感慨もあったのかもしれない。礼を受ける吉田の姿を〝大したこと〟とは思う。法的に保安隊ができたのだから、軍国調パレードも〝正当〟であるとは思う。だが、一方では、戦前のようなことが起こらないようにという危惧も交じっていると読むべきなのだろうか。

林敬三引き抜きの事情に関し、彼自身が記したメモなり日記なりがないかどうか、知人を介して御遺族に訊ねて頂いたのだが、そのような書き物は残っていないということであった。

〔註〕

註1…徳川義寛　岩井克己『侍従長の遺言――昭和天皇の50年』(朝日新聞社　一九九七年)一三六ページ

註2…下田武三『戦後日本外交の証言――日本はこうして再生した』上(行政問題研究所出版局　昭和五十九年)四四ページ

註3…リチャード・B・フィン著・内田健三監修『マッカーサーと吉田茂』下(同文書院インターナショナル　一九九三年)一一一ページ

六

ダレスのこと――「田島日記」にみる

ダレスと講和条約

昭和二十五、二十六年

日本人、外国人を問わず、拝謁の要請はさまざまなルートで宮内庁に寄せられるが、受けるか受けないかの判断は田島長官が下している。

ことわる場合も多いが、内閣からの要請は受けている。

国際金融の権威とされるジョセフ・ドッジは、GHQ金融顧問として特別公使の資格を与えられ、昭和二十四年に来日するが、この年には拝謁の要請はない。彼が日本で推進しようとしたいわゆる〝ドッジ・ライン〟の衝撃については、五百旗頭真《いおきべまこと》『占領期―首相たちの新日本』（読売新聞社　一九九七年）が明快に解説している。二十五年十一月三十日の「日記」には、「大蔵省ヨリDodge拝謁願出ニ付　首相ニ連絡取斗」と、ドッジ拝謁の要請は大蔵省からきたことを示している。

昭和二十六年十一月二十日には、天皇のお供をして奈良から三重県へ向かった田島を吉田の使者が追ってくる。「松井首相秘書官待チアリ　首相ノ秘命　副大統領Berkley《ママ》来朝　拝謁ノコト　拝謁御許シヲ得」とあるが、アメリカの副大統領の拝謁要請がなぜ〝秘命〟なのかは書かれていない。二十八日に、バークリー夫妻とシーボルト外交局長夫妻が午前中に両陛下に拝謁し、首相官邸で昼食会が行われている。

国内の要人たち、諸外国からの様々な形での使者、訪問客たちからの拝謁の要請は多いが、中でも重要なのは、講和条約に関係したダレスの訪問であろう。

米ソの対立が激しくなり対日講和会議の開催がきまらないままに迎えた昭和二十四年九月、米英仏三国外相はワシントンに集まり、ソ連不参加でも講和会議を開くことにした。翌二十五年には、高名な弁護士ジョン・フォスター・ダレス（一八八九―一九五九）が国務省顧問に任命され、六月二十一日に来日、二十二日に初めて吉田に会った。なお、ダレスの初来日は、六月十七日で、その後韓国へ行き、二十一日に再来日した。

二十二日夜、アメリカの対日協議会の組織委員も務めた『ニューズ・ウィーク』誌東京支局長コンプトン・パケナムの家でダレスを中心に内密な会合があったと、『渡辺日記』を参照した秦郁彦『昭和天皇五つの決断』は指摘している。アメリカ側はダレス、随員のアリソン日本課長と『ニューズ・ウィーク』外報部長ハリー・カーンとパケナム。日本側は松平康昌式部官長、渡辺武（大蔵省財務官）、沢田廉三《れんぞう》（元外務次官）、海原治（国警本部企画課長）の四人。冷戦の進行とともに、マッカーサーの非武装中立政策が情勢に合わなくなっている。全面講和論と単独講和論の対立などが焦点だったらしい。

田島の「日記」によると、翌二十三日の四時からダレスは高松宮邸にお茶に招かれている。二十四日の日記には、「何レモ他ニ重要案件アレバ此際駄目トイフ　次長ニ□《不明》ノ□□文書ノコトetcイフ　午食後井上首相秘書官来ル」とある。何か重要な案件があるので、他のことにはかかわっていられない。と同時に「文書」という表現は出てくるのだが、これがダレスへ渡す内密のメッセージの案文作成にかかわっているのかどうかはわからない。翌日の二十五日には、朝鮮戦争勃発。二十六日には、四時から五時半のシーボルト外交局長邸でのダレスのためのティー・パーティに田島も招かれている。吉田の名はでてこないが、他の出席者は両院議長、南原繁、岡崎勝男官房長官、松井明、高橋龍太郎、野村吉三郎元海軍大将、堀内謙介などである。

この二十六日、天皇からダレスへの「メッセージ」を松平式部官長がパケナム家へ届けたこと、またこのようなメッセージを書くに当っての背景を秦郁彦は次のように分析している。

「(1) 対日講和問題の主導権はダレスの手に移っている
(2) 再軍備や基地問題をめぐるマッカーサーとダレスの意見は一致していない
(3) 吉田首相とダレスの会談は不調に終った
(4) 吉田はマッカーサーとの緊密な関係を崩せない立場にある」

このメッセージに、ダレスは感動したそうである。これは八月上旬に文書化され、パケナムからカーンに送付、米海軍大学所蔵とのことである。(註1)

翌六月二十七日に、ダレスは離日。この日の田島の「日記」には十時一〇分から四〇分まで「御召し拝謁《ママ》 式部長官《ママ》Dulles会見ノコト」とダレスについての報告を行っている。

この他、この年の「日記」におけるダレスについての言及は、「登庁 式部長官二度来室 Dulles ノ手紙ノコト」と八月四日にあるが、時期的にみると、この〝手紙〟というのは例の〝メッセージ〟のことではないだろうか。メッセージの内容は、『昭和天皇 全記録』も要約している。

「このダレスに対して天皇は書簡を送り、日米双方が自由な雰囲気の下で気心なく話せる場として、非公式協議・助言グループの設立を提案し、公職追放の緩和を要請した」とある。(註2)

昭和二十五年六月のダレスの来日が日本に再軍備を迫るものであり、吉田が経済、憲法、近隣諸国への配慮などの理由によってそれに応じなかったことは、今日では広く知られている。

ダレスにメッセージを送る一方、シーボルトを通して、側近たちはマッカーサーへもメッセージを送ろうとする。七月四日の夜五時から七時、シーボルトを中心に茶会が開かれるのだが、彼が他の人たちを招いたのか、誰かがこの人たちを招いたのかは「日記」からははっきりしない。翌五日の十一時四十分から四十分間御召し拝謁。「式部官長　昨日Korea問題ニ関スル米の《ママ》quick action ヲ appreciate ノ旨」とシーボルトに伝えたとある。これもまた天皇のメッセージととってよいであろうし、前日の茶会で松平式部官長からシーボルトに伝えられている。シーボルトは、これをマッカーサーに伝えるはずである。

昭和二十六年一月二十五日、ダレス再来日。講和使節団の団長としてであった。

一月二十九日(または他の文献によると三十日)の吉田との会見では、ダレスと吉田は前年と同じ議論の繰返しで結着がつかなかった。六時にマッカーサーに会うことになっているから同行しようと、ダレスはさそった。

「吉田はこれに喜んで同意した。今度も彼は、マッカーサーに然るべき手を打っていたのである。はたして、マッカーサーは吉田の再軍備尚早論に賛成し、日本から、軍備をしない

で安全を保障する方法を提示することになったのであった」と高坂正堯は書いている。(註3)

翌三十一日、田島はシーボルト邸のティー・パーティに招かれ、ダレス、アリソン、ロックフェラーなどと話している。

二月一日には松平式部官長が長官室へ来室し、ダレスを鴨猟に招く件について相談している。これは吉田からの要請であろう。四日には、ダレス一行を埼玉県の鴨場へ招待する。食堂では田島の隣にロックフェラー夫人がすわったが、話題は正倉院と桂離宮についてだったと「日記」にはある。

九日の夜帰宅すると、吉田の使《つかい》として松井明秘書官が来訪する。ダレス離日前の拝謁を願うというのが用件らしい。翌十日、

「Dulles拝謁ノコト Washingtonト往復ノ結果 夫妻の外Sebald夫妻拝謁トナリBunkerニモ打合ワセ 三時ト決定(中略)3.15-3.50拝謁 皇后様ハ風邪出御ナシ 御接待皆無」。

このあと五時から六時は、ダレスが主催でレセプションを行い、田島は妻美志《みし》同伴で出席して「陛下ノ御伝言ヲイフ」。吉田とダレスの意見はやはり部分的に喰い違うのだが、皇室外交が雰囲気を和らげているようにみえる。

翌二月十一日、ダレスはマニラへ向け日本を発った。これも対日条約についてのフィリピ

ン政府に対する説明のためだったが、ワシントンへ戻ったダレスは日本側と同意した事項をもとに対日条約案を書き出した。

それから二カ月後の四月十一日、マッカーサーは突然解任された。彼は十六日に離日するが、ほとんど入れ替わりにダレスが到着した。マッカーサー離日のショックを軽減するためなのか、新司令官リッジウェイに条約交渉の進み具合を説明し、日本側と話し合うためと、幾つかの目的があった。

田島の「日記」にダレスが登場するのは、四月二十二日(日)のことで、午後、ダレスとシーボルトが拝謁している。天皇とダレスの会話の要点は、秦によりダレスのメモから再現されている。(註4)

この年の二月二十七日には、米国の対日平和条約草案がシーボルトから吉田に渡されたが、それについては「日記」には何も書かれていない。対日講和会議は、九月四日から八日まで、サンフランシスコのオペラ・ハウスで開催された。

サンフランシスコへの出発前に、吉田は八月三十日に参内、十時から十一時二十分拝謁する。その前日の「日記」には「明日吉田首相暇乞ノ賜品ノコト次長ト相談　笹ノ銀盃トス」とあり、餞別は笹の銀盃ときまった。三十一日の三時半出発にあたり、「羽田ニ吉田全権等送ル　米機十数歓送カ上空ニ来ル」と、上空の米軍機が吉田たちの見送りにきたのかとうれしそうな雰囲気が洩れてくる。

九月八日、対日平和条約の調印式が行われ、参加国のうちソ連、チェコスロバキア、ポーランドの三カ国は調印せず、残り四十九カ国の代表が調印した。この日、日米安全保障条約の調印も行われている。「日記」によると、「官房副長官来訪 Ridgway ト首相代理トノ話」とある。翌朝九時四十五分、益谷秀次首相代理が「調印ノ報告」に来庁、三谷侍従長がそのことを奏上する。

十日には、総務課長に「全権ヘノ仕向用意ノコト注意」と、吉田たちをどう歓迎すべきかを考えている。十一日には、全権に対する勅使の前例を調べ、次長たちと一応の案を作り、次長にそれを内閣にもって行かせ、打ち合わせ結果の報告を受ける。

十四日に吉田は帰国。「吉田首相無事 御使三谷侍従長ノ扱ヒ方ヨク安心ス 2. 40全権及全权代理参内 拝謁ノ後 冷酒スルメ」と宮中で簡単な歓迎があり、その後田島夫妻は米国大使館の茶会へ行く。

十九日「朝吉田首相ヨリ手紙来ル 陛下ノ御前ニ読 同意」とあるが、手紙の内容は不明。三時から四時、「講和一行御思召ノ茶会」と慰労の茶会が宮中で催されている。二十日「首相へ昨日ノ返書 服装研究スルコト」とあるので、前日の吉田からの手紙は、服装について吉田から何か意見が寄せられたのかもしれない。

十二月十日にダレスが来日する。十日には「松井秘書官ダレス午餐ノコト首相ノ意ヲモタラス」とあるので、ダレスを招待してくれと吉田が要請してきたのであろう。十二日「松井へ自宅ヨリ電話　十八日ノコト未定」、十三日には式部官長がダレスを招待する場合、坂下門から入ってもらうのか、二重橋かと質問してくる。

十四日の十二時から二時四十分にかけて、東京會舘でダレスの歓迎会が行われる。またこの日、坂下門ときまる。十八日の十一時半に吉田内奏。十二時半から二時、ダレス夫妻、スミス夫妻、スパークマン、シーボルト、外務大臣としての吉田と宮内庁側がそろって御陪食。十二月二十日に、ダレスは離日。

昭和二十七年は、条約発効の年である。

三月十四日の田島の「日記」。「松井秘書官来室　Sebald 拝謁　極秘ノ件　不能思此際ナキ方ヨシト」と意味深長な記述があるが、詳細は不明。二十一日「首相秘書官電話　米国批准ノコト Dulles へ首相電報ニ陛下ノ御言葉ヲ入レル御許シノコト　葉山へ電話シ　復杉浦秘書官ニ電話ス」と、吉田がダレスへ打つ電報の中に天皇のお言葉を入れたいがと田島に連絡してきた。お許しを得て、田島は杉浦秘書官へ返事した。

翌二十二日には、「Ridgeway へ手紙ニ陛下御満足ノコト　首相昨日ノ電話ノコト　トンチンカン」とあるが、詳細はやはり不明。

昭和二十七年四月二十八日、対日平和条約・日米安全保障条約が発効。日本は再び独立国となった。

五月十五日の三時から四時、田島と吉田は会談し、ダレスへメッセージを送ることなどについて意見を交わしている。また、「Dulles賜物(Sebald不用説)陛下御軫念ノコト」とあるので、天皇はダレスへ贈物をと考えておられるが、シーボルトは不要と言っているのだろう。最後に「日記」でダレスの名前を見るのは、昭和二十八年八月十一日。「奄美大島ニ陛下多とせられ云々　外相よりダレスに発電のこととなる(首相も了承)」である。敗戦後はアメリカ軍による直接統治が行われていた奄美大島だが、この年の十二月には日本へ返還されることが決定。返還に努力してくれたことへの感謝の電報をダレスへ、という内容であった。

連合国による占領下日本についての証言は、ほとんどが日本とアメリカの資料に頼っている。直接に講和問題と関係しているのではないのだが、この時期を扱う興味深い記事が『文藝春秋』二〇〇五年十月号に掲載された。徳本栄一郎「昭和天皇『占領二四〇〇日』の戦い」である。(註5)ロンドン郊外の公文書館に保存されている英国外務省、国防省、情報機関が作成した外交機密文書中、占領期の昭和天皇に関する部分の調査解読である。

この中から田島が宮内庁長官として在任した時期だけを取り上げ、「日記」に痕跡があるかどうかを探ってみたい。

最初は昭和二十三年七月六日「駐バチカン英大使館から英外務省への報告書」で、天皇とローマ法皇の接触に関する調査報告書だが、その前後に「日記」での言及はない。

昭和二十一年暮れ、駐日英国政府代表として赴任したサー・アルバリー・ガスコインが昭和二十三年六月初め、天皇退位の噂があると本国に報告したそうである。「日記」には退位問題は度々出てくるし、「田島書簡」も書かれるのだが、英国大使館と接触した気配はない。ただ、同年十月には、英語のレッスンを受けていたブライスを田島は訪問し、「英国皇室ノコト」を話している。田島の念頭には英国皇室のこともあったのだろうが、東京裁判の判決、刑の執行をひかえたこの昭和二十三年という時期には、接触している外国人はすべてアメリカ人、それもキーナン検事のような東京裁判関係者かGHQの人々となっている。

昭和二十四年一月十四日に初めて、「7. 30　英国大使館―11　Gascoigne ヨキ夫妻」と出てくる。二月十七日には「7. 30 Redman Dinner―11. 05」とあるが、これも英国大使館広報担当のレッドマンに夕食に招かれたのであろうか。

この昭和二十四年という一年間だけをとっても、田島の「日記」には英国大使館関係者は度々言及されている。ガスコイン大使については三月五日、七日、五月三十日、六月一日には〝英国大使〟として出てくるし、九月二十二日の欄外には「三谷ト King, Gascoigne,

Seabaldノコト話ス　Intonationノコト」と出てくるので、三人のイントネーションの違いについて三谷隆信侍従長と話したのであろうか。

レイディ・ガスコインについては、四月八日に言及がある。

レッドマンは二月二十八日、三月五日、七月九日、二十二日、二十六日、九月五日、十月七日、十一日、十二日に出てくる。

三人とも招いたり招かれたり、手紙だったり何かの接触ではあるか、内容はわからない。九月三日には「5. 30— 7 British Embassy」、そして五日には「British Embassy ニ礼ノ名刺」とあり、全体としては田島と英国大使館関係者の間には儀礼的ではあろうがかなりの接触があったことを示している。このような交流は、その後も続いている。

今回の「英国機密文書」発見の記事の中で田島長官時代に限定すると、二つの要点がある。一つは、皇太子に英国人家庭教師をつける計画である。昭和二十四年三月十一日、ガスコインは英国外務省に機密報告書を送ったとある。

「然るべき人間を宮中に送り込めた場合、天皇及び他の皇族と頻繁な接触を取ることが可能になる。日本の皇室に関するあらゆる事項に意見を求められ、これによる影響力は想像以上である」

「マッカーサーという障害を克服し、日本側と調整を進めるのが自分の課題だが、決して容易でないのは承知している。だが、実行するだけの価値がある」

「日本に皇室が維持される場合、その継承者は適切な民主主義の基盤を持つべきである。また、天皇と皇室は立憲君主制の教育を受けさせるべきで、これは米国人でなく、われわれ英国人のみが行える」(同報告書)(註6)

ガスコイン大使が「マッカーサーという障害」と記したことは、さもありなんという感じである。もともと当時の英国人はアメリカ人を成り上がり者とみなしていた上に、ガスコインにはマッカーサーに腹を立てる個人的理由もあった。

占領初期に岩国の英空軍司令官を務め、朝鮮戦争勃発とともに英国陸海空軍参謀総長直属の個人代表としてマッカーサー司令部へ派遣された故サー・セシル・バウチャー空軍少将の回想録『日本におけるスピットファイヤー戦闘機』が二〇〇五年に英国で出版された。第一生命館のGHQにオフィスをもつバウチャー少将は、毎日のようにマッカーサーに会う。それなのに、マッカーサーはガスコインには会おうとしない。そのことでガスコインは気を悪くして、バウチャーに取りなしてくれるようにたのむ。だがマッカーサーは、もしガスコインに会えば、他の国々の大使全員と会わなければならない。朝鮮戦争を抱えている自分には、その時間はない。その「理由を（ガスコインに）説明し終ったとき」、とバウチャーは書いている。

「私の言ったことを一言も聞いていない小さな子供に話していたかのような感じがした。ガスコインは言った。『だがバウチャー、彼は英国の大使には会えるのではないか（註7）』」

この一節に、マッカーサーとガスコインの考え方の溝は明瞭に表現されている。

ガスコイン報告書の三月十一日に近い「日記」に彼の名が二度出てくることはすでに述べた。三月五日には「Gascoigne ニ送ル手紙タノミ」で、三月七日は「5. 30 オリンピック映画 Gascoigne 来ル　宮様モアリ」だが、どの宮様かはわからない。

米国人エリザベス・ヴァイニングが皇太子の家庭教師だが、そうではなく英国人のみが皇太子の教育は行えるはずだという主張をガスコインは機密報告書の中でしている。

しかし、田島のヴァイニングに寄せる信頼の厚さを考えると、これは困難な計画にみえる。この昭和二十四年という時点だけとっても、ヴァイニングを夕食に招いたり、打ち合わせ、その他の言及の「日記」における回数は以下のようになる。

一月十一日、十二日、十九日、二十日、二十一日。三月三日、九日、十六日、三十一日。四月六日、七日、十二日、十四日、十五日、十九日、二十一日、二十二日、二十三日、二十六日、二十八日、二十九日。六月二十一日、二十二日、二十三日、二十四日、二十七日、二

十八日。七月二日。八月十六日、十七日、十八日、三十日。九月二十日、二十三日。十月十三日、二十日。十一月二十八日。十二月二十一日と、この一年に三十八回もヴァイニングの名前は「日記」に出てくる。しかもこの年の六月二十七日には、「東宮様6. 55　第一ビルにMc訪問―7. 25」と、彼女は皇太子を自分の車でGHQへ案内し、「マッカーサーという障害」とガスコインがみなすマッカーサーにそっと会わせているのだ。

これから約一年後の昭和二十五年五月十二日に、ヴァイニングはマッカーサーに皇太子の留学について相談している。「田島文書」の中に、「マッカーサーの意見」と題した手書きの英文文書が二通入っていた。それによると、マッカーサーは皇太子の留学には反対した。占領が終ると日本は共産化され、帰っても居場所がなくなってしまうかもしれない。東大へ進み、卒業してから旅行だけにとどめては。二十五日の田島の「日記」には、「Vining及小泉ト会見 Mcarthur《ママ》 C.P.留学反対トノコト」と出てくる。〝小泉〟は小泉信三（一八八八―一九六六。経済学者。慶應義塾塾長を経て、戦後、東宮御教育常時参与となり、皇太子（現天皇陛下）教育に当った）のことでC.P.はCrown Prince、皇太子のことである。

英国人家庭教師をという望みを、英国側は抱き続けたようである。松平康昌式部官長の、昭和二十七年一月十六日から二月三日の英国訪問を一つの契機と考えたらしい。

「(家庭教師派遣で)米国の反応を過剰に心配する必要はないと思われる」(昭和二十七年一月三日・駐米英大使から英外務省への機密メモ)

「パーティの席で松平や田島(宮内庁長官)は、慎重な言い方だが、英国人家庭教師の案を捨ててはいないと伝えてきた。どこまで彼らが真剣か不明である。(中略)立憲君主制をいかに機能させるか、米国人は何ら知識を備えていない」(昭和二十七年一月七日・駐日英公館から英外務省への機密メモ)(註8)

ここに出てくる昭和二十七年一月三日には、「7.30—10.30 Redman方 Dinner」と、田島はレッドマン家にディナーに招待されている。そしてこの文は「官長送別ノ話」と続くので、松平官長の英国訪問にあたって送別会をしようという話になったのかもしれない。引用文の「パーティの席で松平や田島は……」の〝パーティ〟とは、この〝送別会〟のことなのかもしれないが、「日記」でみる限りでは、七日までの間に英国大使館の人々とのパーティは行われていない。

英国側の熱意にもかかわらず、英国人家庭教師は実現せず、ヴァイニングの後任も米国人となった。

「英国機密文書」のもう一つの要点は、講和条約調印後の吉田茂に関してである。

昭和二十六年九月十四日、吉田たち全権団が帰国した。その日の「日記」はすでに引用した。翌十五日は、皇居で昼食会が催された。そのときか、昼食前の内奏のときかに昭和天皇がおっしゃったことを、吉田が英国大使館の誰かに漏らしたのだという。

「昨日、吉田首相と会った際、講和条約に対する天皇の態度が話題に上った。サンフランシスコから帰国後、吉田は天皇に拝謁し、講和条約について報告した。天皇は、条約内容が彼自身にとって予想外に寛大だったことに同意した。

一方で天皇は、明治大帝の孫の時代に、海外の領土をすべて失ったことは大変な苦痛だと語った。吉田は天皇に、今更そのようなことを悔やむ時期ではない、と述べたという」

(昭和二十六年九月二十日・英外務省機密メモ)

そして筆者の徳本栄一郎は、

「吉田が、なぜ内奏の中身を、それも他国の外交官に漏らしたのかは分からない。講和条約調印を無事に果たして気が緩んでいたのか、あるいは英国の外交官だから心を許したのか。いずれにせよ、吉田との何気ない会話は英国本国に打電され、彼らの情報ファイルに蓄積された。将来、必要があるときに、この情報は活用されるはずだった。(註9)」

と意見を加えている。正論である。十五日の田島の「日記」を引用する。

「前田ト古垣ニ電話ス　其前ニ御召シ10.15―10.50　首相内奏11―12.30　御相伴三ノ間12.40―1.45　首相ニ皇后様御思召御菓子一箱御研究所デ拝謁」

前田多門(内務官僚、後に文部大臣、日本育英会会長等を歴任。一八八四―一九六二)と古垣鉄郎(元NHK会長。一九〇〇―一九八七)への電話とは、御進講の打ち合わせであった。海外の領土を失ったことは残念と昭和天皇が本当におっしゃったのかどうかはわからない。十一時から十二時半の内奏は吉田が一人でして、そのときの会話だったとしても、吉田が去ったあとすぐ田島は「御研究所デ拝謁」とお話をうかがっている。

ただ田島は、天皇のおっしゃったことは「日記」にはほとんど書いていない。

いずれにせよ、埋もれていた資料の発掘により、様々な視点が生まれることは望ましい。

〔註〕

註1…秦郁彦『昭和天皇五つの決断』(文春文庫　一九九四年)二七二―二七七ページ、引用は二七七ページより

註2…山本七平・保阪正康他『昭和天皇　全記録』(講談社　一九八九年)二〇七ページ

註3…高坂正堯『宰相吉田茂』(中央公論社　昭和四十三年)五八―五九ページ

註4…秦郁彦　前掲書　二八八―二九〇ページ
註5…徳本栄一郎「『英国機密文書』発見――昭和天皇『占領二四〇〇日』の戦い」(『文藝春秋』　二〇〇五年十月号)三〇〇―三一三ページ
註6…前掲記事　三一〇―三一一ページ
註7…Sir Cecil 'Boy' Bouchier, edited by Dorothy Britton (Lady Bouchier) : *Spitfires in Japan* (Global Oriental, 2005) pp. 303-304 引用は三〇四ページより
註8…徳本栄一郎　前掲記事　三一二ページ
註9…徳本栄一郎　前掲記事　三〇〇―三〇一ページ

七

「御巡幸ノコト」

昭和二十四―二十六年

「田島文書」についてはすでに度々触れてきたが、大別すると封筒に入っているものとバラのものがあると述べた。

封筒のほうは、「東京裁判前後重大問題調書及び書翰写」、「気付き事項いろいろ」などと題がついているのだが、バラのほうは種類も雑多である。「謝罪詔勅草稿」もバラの書類の間から出てきたことはすでに触れた。同じ箇所から出てきた文書の一つに、

(昭和二十六年十月一日、午前十一時五十五分―午後十二時四十五分)

『田島長《ママ》とシーボルト外交局長との會談大要』と題した「宮内庁用箋」十二枚の書類がある。二人の会談を誰かが手書きで書いたもので、一枚の用箋には十三行の縦線があり、一行の文字数は約二十五字である。

幾つかの問題が話し合われているのだが、その中の「葉山事件」については雑誌に短いエッセイを書いた。(註1) 他のことについては、今回が初めての発表である。

一九〇一年に生まれたウィリアム・シーボルトは、アメリカの海軍兵学校を卒業後、一九二五年から三十年にかけて語学将校として日本に滞在したこともある知日家だった。戦争中は諜報部の太平洋課長、戦後はGHQの外交局長、対日米国政治顧問、対日理事会議長などを兼務。マッカーサーとリッジウェイの両最高司令官を知る外交官として、対日平和条約、日米安全保障条約成立に努めた。その滞日経験は彼の回想記にくわしい。(註2)

田島とシーボルトが『會談大要』の中で話し合っているテーマの一つは、天皇の巡幸についてである。

昭和二十一年、二十二年には行われた巡幸は、東京裁判の判決や刑の執行の行われた二十三年には中止されていた。

昭和二十四年に入ると、前年には中止されていた巡幸が再開されることになる。

田島の「日記」でみるきっかけは、昭和二十四年一月十日の天皇のマッカーサー訪問である。この日の会見でマッカーサーは巡幸に言及する。それを受けた田島は、一月十七日に吉田首相(外相兼務)を外相官邸に訪問、他のことも含め、巡幸再開について話し合う。

三月三十一日の二時半から三時「吉田総理ト会見　御巡幸ノコト　予算ノコト」と「日記」にはある。すでに述べたように日記一日分のスペースは日銀などの日記帳一日分と少ないのだが、この日には他の記述もあって入りきらない。そこで三十一日から線がのびていて、附記が下方に書かれている。

「陛下　Mc共に御希望アリ　別ニ御妨ゲスルコトモナシ　御願スルコ、ニテヨシ　但シ九州ハ test　コレデ残餘全体御願スル意ニアラズ(中略)九州ハ Mc責任トイフヲ吉田責任トイヒシトノ話」

この部分の意味は明瞭ではないのだが、天皇とマッカーサーと両者が希望なら九州の話を進めてもよい、と吉田は田島に言っているのだろう。だが九州はテストであって、これで残り全部への巡幸を御願いするわけではない。ここまでは吉田の言葉と思われるが、最後の一行は、マッカーサーと吉田のやりとりなのだろうか。「……トイヒシトノ話」なので、田島は二人の人物の会話を聞かされている立場にいるということになるだろう。マッカーサーに吉田が会ったとき、「九州御巡幸は(あなたが言い出したのだから?)あなたの責任ですね」

と吉田が言ったところ、マッカーサーは、「いや、それはあなたの責任ですよ」と吉田に言ったという話なのかもしれない。

四月二日に田島はバンカーを訪問し、九州巡幸の打ち合わせを行っている。

五月十七日、吉田たちに見送られて、九州巡幸が始まる。六月十二日までの長旅である。その間、吉田は度々連絡をとっている。五月二十一日「天機奉伺　首相」、二十二日「首相天機奉伺は御手紙」、二十九日「首相ニ返事書き内閣使者に托す」、「總理より手紙の趣奏上す」とひらがなが交じる。六月八日も同じ。十日には「八幡ニ着キ首相ニ電報」と、連絡を取り合っている様子が窺える。赤旗による抗議、お召し列車のわたる橋の爆破の噂など不穏な事態への警戒、十一日の「危害ニ対スル供奉員ノ注意ヲ申合セ…」、「夜オソロシキ夢ヲ見ル」のように、吉田にとっても田島にとっても、当時の巡幸は緊張を強いられるものであった。

昭和二十四年六月十三日付の『毎日新聞』は、「御召列車妨害が――山陽、東海道線等で線路に石」と題する記事をのせている。当時の巡幸とは、現在では考えられないほどの危険を孕《はら》んだ旅でもあったのだ。六月十二日に帰京すると、田島は翌朝総理官邸に名刺を残し、夕方にはバンカーに九州巡幸の報告を行っている。

昭和二十五年に入ると、二月六日の「日記」に「次長ヨリ四国行幸進駐軍異存ナキ為官房長官ト打合ス」と出てくる。ここでは巡幸の決まる順序が示されている。宮内庁が候補地を決め、GHQにお伺いを立て、同意となると内閣へ申し出る。こうして三月十二日からの四国巡幸が始まり、兇器を持つ不審者の発見などもあるが、四月一日に吉田首相たちの出迎えを受けて無事に終る。

しかし、十七日には早くも北海道巡幸の話が出てくる。しかも、早い方がよいとある。十八日には天皇がマッカーサーを訪問され、十九日に「北海道行幸ノコトMᶜノ意見」とあるので、前日に天皇とマッカーサーの間で北海道巡幸が話題になったのであろう。この十九日の三時から五時、首相官邸のティー・パーティで田島はGHQの人たちと同席しているが、田島は二十六日改めて吉田と北海道巡幸について話し合っている。

六月五日か七日かはっきりしないのだが、吉田は北海道巡幸にあまり反対ではないという官房長官の伝言がとどく。いずれにせよ、当分形勢を見守ることにするとある。だが、十五日には吉田を訪問。北海道はこの際やめると報告している。この中止の決定がマッカーサーの勧告によるものであることは、後にでてくる「会談」の中で明らかにされている。そしてその日のうちに田島はバンカーも訪問し、同じく中止の報告をすませる。

昭和二十六年二月二日の田島の「日記」によると、バンカーから電話があったので、田島は会いに行く。バンカーはマッカーサーの意向として、昨年とは異なり、北海道と京都のどちらへの巡幸も結構と告げる。「北海道ハ前回ト大差ナキモ願ヘルト思フモ　京ト先ニ願ツテハ如何」と「日記」には出てくる。京都を先に、と田島は考えているようである。

だが、この年(昭和二十六年)の四月十一日には、トルーマン大統領(一八八四―一九七二)と朝鮮戦争の進め方について意見の合わなかったマッカーサーが突然解任された。そして五月二日には、天皇と新任のリッジウェイ中将との最初の会談がアメリカ大使館で行われた。

マッカーサーの解任は、彼と親しかった吉田首相にとっては痛手だったと言われているが、宮内庁側にとっても戸惑いがあったことが、「会談」文書からもうかがえる。就任以来、田島は知日家外交官のシーボルトとは親しかった。GHQの主は、マッカーサーからリッジウェイに変っていた。この変化の時点での巡幸手続きをどう進めればよいのか、田島はシーボルトに質問しておきたかったのだ。

「今日は陛下の地方御巡幸のことで伺いました」

と、『會談大要』によると田島は切り出す。

「従来はバンカー大佐を通じ司令官に連絡して居ったのですが、その都度、国内に於ける陛下の御行動は全く御自由であるが、司令官としても異存はない。という意味の回答がありました。昨年六月北海道行幸に関して連絡したところ治安の関係で実行お見合せ方を

勧告してこられました。その後名古屋の国民体育大會行幸については異存ない旨の返事を頂いた次第でした。

ところで司令官が更迭されてから、斯様な問題でご連絡するのは最初のことですが、貴官を煩はして司令官に御連絡するのが宜しいでしょうか。それとも従来通り副官を通じた方が宜しいでしょうか。若し然うでありとすれば、アダムズ副官の方に話して見たいと思いますが」

副官も、バンカーからアダムズに変っている。田島に対し、シーボルトは、直接司令官に話しても、自分が仲介してもどちらでもかまわないと答える。では今回だけは仲介をとたのんだあとで、田島は続ける。

「次に今までの例によりますと、具体的に御日程が定った上で政治局のネーピア中佐の方へ私の方の次長が出て諒解を得ることになって居りましたが、この方は如何いたしましょうか。実は私が任命された時、ウィットネー局長から相当厳しく宮内庁の今後につき意見を開陳され、又要望された次第もあり、当時宮内庁幹部の更迭も地方御巡幸のことで山の様に投書が来たとかにて、その問題が主要な原因であるように考えられたので、旁々緊密に連絡した方が宜しいかと思われていた次第でした」

（シーボルト）局長「政治局は断る問題に何の関係もありません。その必要は少しもありません。司令官丈けが承知して居れば宜しいことです」

（田島）長官「ただ従来の経緯から、この点御意見を伺った次第です」

局長「貴官の方でそれによって便宜を得られると云うことであれば、それも宜しいでしょうが、却って煩わしいとの事であれば、全く必要がありますまい。この転換期で、望ましくないことは止めたいと思われるならば、止められて一向に差支えがありません」

と、シーボルト局長は日本側に好意的な態度を示す。次いで田島は、司令官に伝えてもらうための巡幸のくわしい日程を告げる。それに対し、シーボルトは答える。

局長「これは別に司令官の許可とか何かとかいう問題ではなく、貴方とされても自由にお考えになって宜しいことです。陛下は国内は自由に御行動されても宜しい譯であります。私はただ司令官にカーティシー（儀礼）の問題として、この事をお傳えいたして置きましょう。北海道の方は如何ですか」

長官「治安の問題でお難かしい様です。陛下は講和条約調印の前に全部御巡幸をお済ましになりたい御念願でしたが、それがお出来になりませんでした。大體津軽海峡に水雷が浮流するとか、又海南島と北海道の間には潜水艦が活躍して居るとか、又樺太、千島にはソ連の落下傘部隊が待期《ママ》しているとかの噂が心配でなりません」

GHQも宮内庁も北海道巡幸に乗り気でなかった理由は、ソ連への警戒からであったことが田島の発言からわかる。船が危険というのならと、シーボルトは提案する。

局長「飛行機を御使用になっては如何ですか。軍の方のを御用立しても宜しいと思います」

長官「北海道へお願いする勇気はありません。普通の事故ならば兎に角として、ソ連は執拗ですから、落下傘部隊で連れていかれるようなことが起きても困りますから」

局長「御旅行の準備は、御乗物、警衛等凡て日本側の責任で一切やられること、思ひますが」

長官「ただ、外人に就いては一寸問題もある様です。又別に地方では部隊長、指揮官などがよく拝謁を願って来る事があります」

局長「拝謁は将官以上として、他の者はすべて謝絶されては如何ですか。地方でMP等が自発的にあまり御邪魔にならない程度に日本側警察と協力することはお差支えないですか」

長官「それは勿論結構なことです。拝謁については、陛下は従来佐官級の人々にも喜んでお會いになりますし、又地方の日本官辺の人々との関係もありまして。簡単にはいきません」

局長「何か急に一定の規則をつくることも難しいでしょう。しかし陛下が進んでお會いになりたい人だけお許しになり、後は構わずお断わりになっても宜しいと思ひます」

長官「仰言るような方針になることを私自身は希望するのですが、過渡期のことですから、追々にということになりましょう。では大変に御手間をとらせました。有難うございました」

と、シーボルトに対して田島は礼を言う。国内での天皇の巡幸は自由、報告の必要もないくらいと、シーボルトの態度は寛大だが、GHQ側も同意見だったかどうかはわからない。

ただシーボルト自身は、GHQの主がマッカーサーからリッジウェイに変ったことを〝転換期〟として捉え、日本側により自由な行動をとることができるように望んでいたのであろう。
それに、この会談は対日平和条約調印が昭和二十六年九月八日になされた後に行われたものである。発効は翌年の四月二十八日まで待たなければならないが、調印後でもGHQの意向にこれだけ配慮しなければならなかったのだろうか。
この会談の約四十日後、京都巡幸が十一月十一日から始まる。翌十二日には、京都大学で学生のデモが行われる。

「雨　京大インタナショナル歌フ　知事此事ノ挨拶アリ　学長ヨリハナシ　首相ニ手紙次長ニ電話　首相ニ通ズルコト」

と、田島は吉田にすぐ連絡している。十八日「此朝首相手紙□《不明》次長手紙持参」、十九日には「知事官舎御宿泊ニテ両条約批准御認証　拝謁願ヒ吉田書面ノコト言上」とあるので、十八日の吉田の手紙は、その日に参議院で承認された対日平和条約・日米安全保障条約についてであろう。その日のうちに、田島は、吉田へ手紙を書いている。二十日は三重県へ移動するが、「松平首相秘書官待チアリ　首相ノ秘命　副大統領Berkley《ママ》来朝　拝謁ノコト　拝謁御許シヲ得」と、松井秘書官が吉田首相からの秘命を伝える。副大統領バークリーに拝謁を、というもので、承諾の返事を松井にもたせる。二十五日「8. 30御発　4. 40御帰京」の翌日には「午食　日米協会Union Club Barkley熱弁」と、すぐにバークリー副大統領の拝謁となる。一日おいて二十八日にはバークリー夫妻とシーボルト夫妻が両陛下に拝謁、その後吉田から昼食に招かれている。

このように、田島長官と吉田首相は巡幸中も種々の用件で連絡をとり合っていた。

昭和二十七年と二十八年には巡幸はなし。旧ソ連の潜水艦や落下傘部隊への危惧を表明していた北海道への巡幸が実現したのは、昭和二十九年八月。田島退官後のことであった。

田島就任前の昭和二十一年二月に神奈川県から始まった巡幸は、この北海道を含め、四十六都道府県、三万三千キロの旅程である。その間、天皇は忙しいスケジュールを懸命にこなしておられる。

例えば昭和二十四年五月十七日から六月十二日の九州巡幸では工場、会社、炭鉱などを御訪問。五月二十八日には、宿の「樋口軒御着　直チニ川岸へ出御万歳ニ御應へ　宿主ニ賜ヒ伝達」とお忙しい。八代と川内の両市では、「天皇ヒロヒトニ申ス　アナタハ……ノ文字ヲ見ル」と、これは六月一日の記述である。

人々の歓迎の中には米軍兵士も交じる。六日「県庁屋上進駐軍陛下ニ御加ハリ願ヒ撮影小僧握手」と田島は苦々しく書いている。列車中でも拝謁が続き、車窓に立って沿線の人々にお応えになり、外では人々に囲まれる。

六月九日「大体大分県ハ陛下ヲ引張リ廻ス傾強シ　神条工場ニテキャメラ班電球破片ヲ陛下カブラル　夜中目ザメ　行幸ニ関スル雑感多シ」

昭和天皇がお若い頃、熊本地方の大演習にお供した甘露寺《かんろじ》受長《おさなが》元侍従次長は、夜の甲板に一つの人影があるのを発見した。遠い薩摩半島らしき所に見える灯に対し、「……海上にむかってきちんと直立不動の姿勢をとられ、挙手《きょしゅ》の礼をしておられる（註3）」と書いている。この懸命さは歳月が流れても変らず、敗戦後の巡幸の中でも示されていた。根底には、「謝罪詔勅草稿」や「長官談話」の草稿の中で田島が表現したかった天皇のお気持ちが存在するのだろう。

シーボルト外交局長との会談で、田島は、

「陛下は講和条約調印の前に全部御巡幸をお済ましになりたい御念願でしたが、それがお出来になりませんでした」

と語った。

田島自身も「巡幸もやゝツグナイの意あり　多少治安不安を敢て御出掛よしとの意をきゝ同感す」と、昭和二十六年三月二十七日付の「日記」に書いている。

この〃償いの旅〃とも言える巡幸で、どうしてもいらっしゃりたい、行かなければならないと考えていらした場所は、沖縄ではなかったろうか。長年兵士たちの遺書をあつめた歌人の辺見じゅん氏は、「昭和が終わる一年四カ月前の天皇のお歌」の紹介をしておられる（註4）。

思はざる病となりぬ沖縄を
たづねて果さむつとめありしを

昭和二十一年から始まった昭和天皇の御巡幸、その旅は、この時点でも、まだ終ってはいなかったのだ。

〔註〕
註1…加藤恭子「葉山事件」(『文藝春秋』　二〇〇五年十一月号)八二―八三ページ
註2…ウィリアム・シーボルト著・野末賢三訳『日本占領外交の回想』(朝日新聞社　昭和四十一年)
註3…甘露寺受長『天皇さま』(講談社　昭和五十年)一七八ページ
註4…辺見じゅん「終らぬ昭和の『つとめ』」(『文藝春秋』　二〇〇三年八月号)一九〇ページ

八

シーボルト外交局長との会談と「葉山事件」

昭和二十六年

田島道治には、シーボルト外交局長の意見を聞きたいことがもう二つあった。一つは朝鮮の王族で一九一〇年の韓国併合後に、日本の皇族待遇となった李王家の処遇の問題である。

田島は言う。

「実は元の朝鮮の王族で、李王さんと、先達《せんだつて》夫人の問題で新聞にも出ました李鍵公さん、今は桃山さんと申して居られますが、この両家には、戦後暫く皇室から二十万円と五万円の御下賜金が出ました。ところが政治局のケイディス次長の考えかと思われますが、ある年度に皇室経済會議も通過して、バンカー大佐に諒解を得ようとしたところ、中止するようにとの勧告に遭いました。御参考までに、皇室経済會議の議員は、衆参両院正副議長、総理大臣、大蔵大臣、宮内庁長官、會計検査院長の八人です。

ところで、段々世の中が落ち着いて来るに従って、この元朝鮮王族の方々に対せられる皇室の御仕向を伺うするか、この儘でよいものか、の問題が始終私の念願にかゝっております。第一に国籍の問題が何うなりますか。朝鮮の人はすべてその国籍を取得出来るようですが、元の王様である李王様も同様にそれが出来られるものか、この点が解りません」

田島の話からは、「皇室経済会議」の構成メンバーと、李王家には二十万と五万円の御下賜金が皇室から出ていたことと、GHQからそれへの中止を求められたことがわかる。この財政的な問題と国籍をどうするのかが、田島にとっては気掛かりだったのだろう。

それに対し、シーボルトは答える。

「在留朝鮮人は希望によって朝鮮の国籍を再取得することも帰化することも出来ることになっている筈です。その問題は本月二十二日から、司令部がオブザーヴァーとなって、外務省が交渉することになっていますから、宮内庁としては外務省に相談されたら宜しいと信じます」

と、この件は日米間の問題ではなく、日本の国内問題であるとシーボルトはとらえている。

田島にはもう一つ、シーボルト外交局長に報告し、彼の意見を聞きたい問題があった。

田島のもう一つの案件「葉山事件」とは、昭和二十六年九月二十三日(日曜日)の午後四時頃、米兵三人が葉山御用邸の塀を乗り越えて侵入した事件である。ただ、九月二十三日、二十四日、二十五日の田島の「日記」には、それについての記述はない。「日記」によると、二十六日には「首相へ手紙　葉山狼藉事件」と、吉田首相へ書簡で報告したあと、松井明秘書官と話している。二十八日にも五時半から六時二十分にかけて、「松井秘書官葉山狼藉事件ノ結末ノコト」と話を続けている。

シーボルトは、米兵たちの乱暴について何も知らなかった。田島は説明する。

「……葉山御用邸の南邸から侵入し、御本邸に這入り、御寝室、御書斎その他各室を荒らし廻り、ピアノの上のカヴァーが紛失していました。皇宮警察官はMPに連絡しましたが、到着前に逃亡して仕舞いました。その際塀の外には二、三十人の兵隊がいたと報告されています。この問題につき、私の責任上、外務省までは将来の為に通知して置く必要があると考えました。今私は、単に友人として貴官に一寸この事をお話して置きたいと考える次第です。呉々も申しますが、別にこれ以上貴官に御迷惑をおかけする積りはありません。ただ万一陛下の御滞在中に同様なことが起きたり、狂酔兵が、闖入して来た場合、皇宮警察官の方で正当防衛が出来ないものか、何うか、私としては気にかかることなのであります」

本当に、もし天皇がご滞在だったら、いったいどうなっていたのだろう。

「かかる場合に、正当防衛はできるのか？」「無礼なGIたちを追い出すことができるのか？」が、田島の最も知りたかった焦点なのだろう。占領されていた側の惨めさを如実に示す質問である。この事件についての報告を、田島は書状で吉田首相にしたのだが、彼の気持ちの中では、首相としての吉田ではなく、外相としての彼に報告したのであろう。

(シーボルト)局長「外務省は何んな處置したでしょうか」

(田島)長官「外務省では、木村連絡局長から、G—2日本連絡部テイト大佐、政治局リゾー局長に、参考として書類を提出したところ、リゾー局長は、不取敢宮内庁当局へ遺憾の意を表するように言われた由です」

局長「私には何の報告もありません。それは重大なことです。私が知って置く必要があります」

長官「兎に角私としては責任上外務省にだけ報告連絡して置くのが妥当と考えましたのですが、貴官に更めて御迷惑をおかけする積りは毛頭ありません。ただ時局柄米国側とされてもこの様な事件があまり起きない方が宜しいのではないかと信ずる次第です。（中略）陛下御滞在中の様な場合、正当防衛が可能かどうか、心配になる次第であります」

と田島はもう一度、〝正当防衛〟を行ってもよいのかどうかを糺《ただ》している。

局長「指令によれば、現行犯は日本警察に於いて取押えることが出来、若し附近に進駐軍関係の部隊、駐在官があれば、その方へ通知すること、となっている筈です。正当防衛は当然で、放り出しても、暴力を報いても宜しいと信じます」

「当然」というシーボルトの返事は、田島を安心させたに違いない。

現在の人たちにとっては、考えも及ばない事件であり、犯罪である。何人かのGIが葉山の御用邸に侵入し、証拠品を盗んでくると宣言した。塀の外にいた二、三十人のGIたちは、野次馬だったのかもしれない。本当に侵入した兵士たちは、万一昭和天皇が邸内にいらしたら、鉢合わせすることになる。そのときは、「ハーイ、エンペラー！」とか、「ハーイ、ヒロヒト！」とか言うつもりだったのだろうか！

日本の警察官は拳銃を携帯していた。銃口を彼らに向けて、「出て行け！」という行動をとらせなかったもの、「正当防衛は可能なのでしょうか？」と宮内庁長官が質問しなければならなかった現実が、当時の日本にはまだあったということである。マッカーサー罷免（五一年四月）の半年後、対日平和条約調印の翌月に行われたこの会談においてすらも、であった。

「会談」は、田島のつぎのような発言で終っている。

「重ねて申しますが、葉山の件は、友人として一寸お耳に入れて置きたいと思っただけのことで、貴方に御迷惑をお掛けしてはならないと存じていますから、御諒承下さい。警察の方でも、単に闖入事件があったという届けで、外部では誰も知らないことであります」

抗議ではなく、遠慮がちな、友人としての報告である。宮内庁と外務省の一部を除き「外部では誰も知らない」のは、新聞などがＧＨＱの検閲下にあったからであった。米兵の犯罪などが報道されることはなかった。

占領軍兵士対策として最も早く動いたのは内務省で、敗戦三日後の昭和二十年八月二十八日であった。「一般婦女子を守る防波堤」として、各地の警察長に進駐軍のための特殊慰安設備整備を指示したのだ。

「特殊慰安施設協会」RAA（Recreation & Amusement Association）が各地で運営する慰安所で働く慰安婦の数は、資料によって差はあるのだが、昭和二十年十一月までに二万人、最盛期が七万人、閉鎖時の昭和二十一年三月に五万人であった。これは同年一月にGHQが出した「公娼の廃止に関する覚書き」による決定であった。（註1）

私自身の千代田区（当時は麹町区）の実家は敗戦の年の五月二十五日の空襲で焼失した。長野県湯田中に疎開していた私は早く東京へ戻りたかった。日本女子大付属高女に復学するためである。ただ、罹災者の帰京を東京は認めていなかった。母と下の弟を湯田中に残し、府立一中に通う上の弟と私とばあやの三人は、二間を逗子に借り、そこから横須賀線で東京へ通うことになった。逗子駅から徒歩十分ほどの静かな住宅地の中の一軒家の二階だった。ところが、ななめ向かいの住宅が、慰安所になった。その時の私は何のことやらわからず、なぜあの家は毎晩大騒ぎをするのだろうと不審だった。ばあやに、

「あのお宅は、なに？」

と訊ねると、ばあやはきつい目になって、

「あちらをごらんになってはいけません」

と厳しく言った。私は二度と質問することはせず、騒音も無視することにした。私たちを

育てたばあやの、あんなに怖い顔を見たのは初めてだった。

進駐軍の犯罪も私たちには知るすべもなかった。私自身が体験したり、知っているのは、二件だけである。一件は横須賀線の車内で、二人のGIが日本人乗客たちをビール瓶でなぐりだしたこと。当時は椅子の上にも乗客が立つほどの込み具合で、私が目撃したわけではない。そのひどい混雑の中で、一方から人々が押し寄せてきた。こちらの人々が「押すな！」と叫ぶと「GIたちがなぐっているんだ　ビール瓶で！」とあちら側が叫んだ。(なぜ黙ってなぐられているのだ！　なぜビール瓶をとりあげないのだ！)と私は心の中で叫んだ。敗戦で、大人たちはすっかり自信を失っていた。男たちも萎縮してしまっていた。

もう一件は、付属高女のクラスメートのお母様が、ご自宅へもう少しという距離で、夕方GIたちに襲われ、殺された。ハンドバッグが奪われていた。

「葉山事件」の背後には、こうした敗戦国の現実がある。日本人の被占領心理があったと言えるだろう。

この「葉山事件」が田島の意に反して外部に洩れた形跡はないかを調べようとした私は、この事件についての言及はなかったものの、意外な記述に遭遇した。

この「葉山事件」は、すでに触れたように、昭和二十六年九月二十三日に起こった。ところが、実はそれよりも六年前、昭和二十年九月十九日に米兵の葉山御用邸への不法侵入、つまり第一の「葉山事件」が起こっていたというのである。(註2)
その行為は、以下のようなものであった。

「……同月九日午後二時ごろ、少佐クラスの将校に率いられた米兵約五〇名(厚木駐留の部隊らしい)が、トラックおよびジープ各三台で御用邸に乗りつけ、将校が門を乗り越えて内側から鍵を開け、兵士たちを呼び入れた。将校は管理人に強要して、約二十分間ほど邸内を案内させたが、その間に兵士たちは各部屋を物色し、戸棚やタンスを壊し、絹製のピアノカバーやタオル数枚を持ち去った。(註3)」

薬物規制の緩和などが日本の犯罪に影響を与えた面もあるが、(註4)占領軍の犯した犯罪については、「六尺ゆたかの大男」とか、「色黒の大男」とたまに報道することもあったそうである。米軍犯罪を特定することの困難さは、一つには、検閲制度があったことと、もう一つは、犯罪容疑者の身元の確認を日本側に求めていたからではないだろうか。御用邸への侵入でさえ、「正当防衛をしてもよろしいのか?」と宮内庁長官が質問しなければならないような占領下の雰囲気の中で、一般人への犯罪を行った米兵の肩章や身分証明書などを提示させ、彼の身元を調べられるとは思えない。占領とは、占領軍の権威とは、そして日本人の萎縮とは、生やさしいものではなかったのである。

内務省警保局外事課の「米兵の不法行為」に関する報告（外務省文書　昭和五十一年六月公開）は、占領期における不法行為を報告しているが、その第十一報（昭和二十年九月十三日）は同年八月三十日から九月十日までの十一日間の警察官に対する不法行為六十一件と一般人に対する二百四十六件が報告されているという。（註5）初期には殊に多かったと思われるが、私のクラスメートのお母様の殺人事件はこれより後に起こったものであり、やはり報道されることはなかった。「葉山事件」も、また、こうした文脈の中で起こった事件の一つであったのだ。

〔註〕

註1…西清子『占領下の日本婦人政策――その歴史と証言』（ドメス出版　一九八五年）三四―四〇ページ。鈴木裕子『「慰安婦」問題と戦後責任――女性史を拓く4――』（未来社　一九九六年）三八―五四ページ。山田盟子『占領軍慰安婦――国策売春の女たちの悲劇』（光人社　一九九二年）八ページ。竹前栄治『GHQの人びと――経歴と政策』（明石書店　二〇〇二年）三四ページ

註2…服部一馬・斉藤秀夫『占領の傷跡――第二次大戦と横浜』（有隣新書　昭和五十八年）五〇―五一ページ

註3…前掲書　五一ページ

註4…マーク・カプリオ　杉田米行編著『アメリカの対日占領政策とその影響』（明石書店　二〇〇四年）、ことに第五章、H・リチャード・フライマン「米国の占領政策が日本の犯罪社会に与えた影響」を参照。

註5…前掲書『占領の傷跡』四九―五〇ページ

九　退位問題

昭和二十六年

昭和二十三年十一月十二日付のマッカーサーあての「田島書簡」が生まれた背景についてはすでに述べた。この時期に天皇退位阻止に動いたマッカーサーと吉田茂。その吉田の提言によって、あの書簡は生まれたのであった。

「日記」と「文書」には、〝退位〟を意味する単語が度々出てくる。例えば二十四年十一月十二日、高松宮から「イロイロ御話承ル　東宮様御洋行　御譲位ノコト」のように、発言者も状況も様々だが、全体の内訳は次のようになる。

昭和二十三年十四回、二十四年五回、二十五年三回、二十六年十九回、二十七年二回。

二十四年二月四日の「日記」には、「拝謁　昨日ノ七十五才退位ノコトニツキ御話　御誤解ナキ様言上ス」と記されている。前日の午前十時から三十分田島は拝謁しているのだが、そのときに天皇が「七十五歳で退位したい」とおっしゃったらしい。そのことについて、「皇室典範」には退位の項目はないので、〝御誤解〟なさいませんようにと言上したのであろう。

吉田は、退位反対の立場で一貫していた。少なくとも表向きには、この姿勢をくずしたことはない。昭和二十七年一月三十一日の衆議院予算委員会で、中曽根康弘は次のように吉田に質問したと『自省録』にはある。(註1)

「過般の戦争について天皇には責任はない。しかし、人間天皇として、心の痛みを感じ道徳的呵責を感じておられるかもしれない。そういう場合、内閣はその天皇の自然な人間性の発露を抑えてはいけない。もし天皇が退位を考えておられるなら、内閣はそれを抑えるべきではない。天皇の退位という問題は、あくまで天皇が自ら考え自ら行動されるべきものではあるが、もしそのようなご決断が万一あれば国民や戦争遺族は感涙し、天皇制の道徳的基礎はさらに強まり、天皇制の永続性も強化されるであろう」

すると、吉田さんは、

「昭和天皇はこのままぜひ仕事を続け、日本再建に努力していただきたい。天皇の退位を言うものは非国民であります」

こう答えたのです。

「天皇の退位に言及する者は非国民」と言い切りながらも、吉田と彼の閣僚が〝退位〟と何らかの関係をもつことになる例は、田島の「日記」の中には何回か出てくる。

昭和二十六年二月二十二日には、友人の安倍能成が宮内庁長官室に来る。「Abdi ノ話スPremier ト懇談セヨ　早クユックリ」と日記にはある。田島が退位問題について話する。"Abdi"とは"abdication"——退位のことである。安倍は首相と「早クユックリ」懇談せよとすすめる。その四日後には、同じく友人の前田多門が拝謁のために参内。「abdi の話少シフレル　y ニ話スコト　左程急ガザルモ y ニ話ス外ナシ」と、前田も y、つまり吉田と相談することをすすめている。それ以外にない、結局は吉田にしか判断できないというのであろうが、どういう背景からこの問題がでてきたのかは、「日記」には記されていない。

この後、田島は吉田と退位について話し合っているのだが、「日記」には出てこない。四月十二日に「天野文相ニ Abdi 首相ト話セシコト一部イフ」とあるので、これ以前に吉田と話し合ったことは事実で、その一部を天野《あまの》貞祐《ていゆう》（一八八四—一九八〇）文相に伝えている。同じ内容と思われるが、五月九日に来訪した安倍能成にも「Abdi吉田首相ト話ノコト」と、吉田との会話について話している。

九月八日に、田島は小泉信三を訪問する。

「東宮様　義宮様御訪問感想ト　講和ト非退位ニ仕立タ話　吉田ニ陛下御尋問ノ件ノ意見キク」

ここまでが田島が小泉の意見を聞いた内容なのだろうが、「講和と非退位ニ仕立タ話」というのはわからない。講和条約締結にあたり退位なさるかどうかの議論についての対応なのかもしれない。吉田に天皇の方からこの点について質問なさるのはどうだろうか、と田島は言っているのだろうか。この後、「日記」は「天野文相訪問　首相ト話合ノAbdiニ関スル事要領話ス」と続くが、これを見ても、吉田と田島が退位問題を話し合っていることだけは間違いない。

九月八日のサンフランシスコ講和会議において、対日平和条約・日米安全保障条約調印が行われた。九日に三谷隆信侍従長がそのことを奏上。同じ日、田島は安倍能成を訪問し、「講和ニ付陛下ノstatementノコト　コレニ関スルAbdiノコト　陛下首相ニ進退御謀リノコトノ可否」について話し合っている。講和について天皇のステートメントを出すこと、また、退位すべきかどうかの〝進退伺い〟を天皇が吉田になさるべきかなどが主題なのだろう。

十四日には、調印を終えた吉田首相が帰国報告のために参内する。

「全権及全权代理参内　拝謁ノ後　冷酒スルメ」

そして田島は田中耕太郎最高裁長官(一八九〇―一九七四)を二十一日に訪問し、「例ノ問題殆ンドスベテ話ス　Abdi反対ハ確言ス　何カアルノハ日本ノ国会ニテモ論難アルベキニ付批准前ニハ餘リイヘヌノデハナキカトノ説」と話し合っている。

戦争について天皇がどれほど悔いておられるか。苦しんでおられる〝真のお気持ち〟を発表なさり、その後は退位ではなく、敗戦国日本再建のための荊の道を歩まれるべきとする田島の従来の主張を、田中に打ち明けたのではないだろうか。だが、田中によると、現在の状況はそれを許さないのではないか、講和条約の批准まで待った方がよいという意見らしい。

二十九日にも小泉信三を訪問し、「Abdi関係首相ト懇談ノコト」について話している。

十月一日になると、田島は再度田中最高裁長官を訪問している。「日記」には、次の記述が出てくる。

「御退位問題ハセツトル　陛下ヨリ吉田ヘノ御話ハ少シワザトラシ　吉田ヨリソレトナク奏上ニテ可　国民ノaddressハ文章ネリ必要　条約発効後　国会開会式御言葉ハ慎重ノコト」

〝セツトル〟は、“settle”(settled)のことで、〝進退伺い〟など不必要、吉田がそれとなく奏上すればよいというのが田中の意見と思われる。だが同時に、こういう方針でいくことになったと、田島が田中に報告しているともとれる。

翌二日には、多くのことについて吉田と田島は話し合うが、中に「平和克服ニツキ勅語ノコトソノ奥ノ退位問題ノコト(ヨク小泉ト相談スルトノコト)」という記述もある。吉田もまた、小泉の意見を聞こうとしているのだろう。

十月十九日には天野文相が来室。文化勲章などについてだが、田島の「日記」には、「Abdi変心ノコトキク　コチラ皇室ト国民ト関係ノコト御下命アリシコト話ス」とも記されている。〝変心〟というのは、天野文相は退位論者であったが、意見を変えたという意味なのだろうか。田島の方からは、皇室と国民の関係がより密接になるよう努めよというご下命があったことを話したのであろう。

だが、三十一日には次のような記述がある。

「緒方竹虎来訪　退位問題ニ付大野ト緒方斡旋トノ適□《不明》信本ニナルトノコト　何等カ動キアリヤナシヤトイフ　ソレニ関連シテ立場話ス　confidential　ニ」

副総理の緒方竹虎(一八八八―一九五六)が来て質問し、田島が内々に答えているのだが、詳細はわからない。

翌十一月一日には十時四十五分に御座所に御召しがあり、その後田島は吉田に手紙を書くが、それが前日の会話と関係しているかどうかはわからない。

それも昭和二十六年が退位関係について殊に多いのは、翌二十七年五月三日の講和条約発効と憲法施行五周年の記念式典の「おことば」に何を盛るか、そしてそれを期に退位なさるべきか否かに焦点があたっていたからであろう。

その鍵を「日記」から探すとすれば、昭和二十七年九月十九日付の入江相政侍従との雑談の中に「ソノ外五月三日 abdi ノコト等」とある一節であろう。

それに対応する『入江相政日記』の同じく二十七年九月十九日付では、九時十分前に入江が長官室へ行っている。途中でお召しが入り、

「十一時五十分頃又来てくれといふことでもう一度行き御前に出た結果について又話が有る。アブデイケーシヨンに関する経緯など詳しく話される。非常に参考になる」(註2)

と退位問題について田島から入江侍従に経緯の説明があったことが記されている。

表舞台では、

「天皇の退位を言うものは非国民」

と言い切った吉田である。

だが背後では、それが宮内庁にとっても、吉田と彼の閣僚にとっては重い問題であり続けたことが、田島の「日記」から垣間見える。〝退位〟という単語の言及は、全体では四十三回

に及んでいる。

〔註〕

註1…中曽根康弘『自省録——歴史法廷の被告として——』(新潮社　二〇〇四年)三七—三八ページ

註2…入江為年監修『入江相政日記』第三巻(朝日新聞社　一九九〇年)五五—五六ページ、引用文は五六ページより

十　マッカーサーの解任

昭和二十六年

朝鮮戦争中、戦略についてトルーマン大統領と意見を異にしたマッカーサーは、昭和二十六年四月十一日に突然解任される。この事件に対しての宮内庁の対応については二冊の拙著『田島道治―昭和に「奉公」した生涯』(二〇〇二年)、『昭和天皇「謝罪詔勅草稿」の発見』(二〇〇三年)で詳述したので、ここでは要点に触れるにとどめたい。

「日記」から強く出てくるのは、田島を含む側近たちの「マッカーサーを参内させたい」という願いである。これまでの天皇とマッカーサーの十回の会見は、すべて天皇の方からアメリカ大使館に訪問したものだった。「マッカーサーの方から皇居へ」は、側近たちの悲願だったのだ。彼らは、あわただしく動く。十二日朝には三谷隆信侍従長が長官室へ相談にくる。松平康昌式部官長もきて、バンカー副官を訪問すると決まる。「吉田首相ニ三谷ト同時ニ会見打合ス　Bunker ト打合ノコト」とこの日は吉田と内容はわからないが、打ち合わせをしている。十三日には、バンカーからの返事がとどいた。マッカーサーは誰とも会わない。もし天皇が会いたいのなら羽田へ来るように、という屈辱的なものであった。十六日の朝五時頃マッカーサーは羽田を発つ。天皇がお見送りなど、とんでもない。側近たちは、天皇のメッセージを侍従長がたずさえてなどと対処法を考えるのだが、吉田は大磯へ行ってしまったので相談できない。

十四日には松平式部官長が再度バンカーを訪問。翌日の天皇アメリカ大使館ご訪問が決まる。

「Mc 参内サセ得ズ残念ノ感ニナヤム」

と田島は口惜しそうに記している。十五日十一時五十分、天皇は従来通りマッカーサーをご訪問、十六日早朝の出発には三谷侍従長が〝御使〟を務める。

こうしてマッカーサー離日事件は終るのだが、ここで顕著なのは吉田の不在感である。側近だけが「Mc 最後ニ一度参内セバヨカリシト思フコト」（十七日付「日記」）とこだわっている。

これまで、そしてこの後も、ことにGHQに関する問題については、田島と吉田は緊密に連絡をとり合っている。皇太子の家庭教師、ヴァイニング夫人の辞職や叙勲など、吉田からの連絡が電話や手紙、または本人なり官房長官によるものが届いている。しかしマッカーサー離日に関しては十二日の打ち合わせだけで充分と、吉田は考えたのだろうか。「羽田へくるように」との返事がバンカーからきたのは十三日。吉田は大磯で相談できないとあるが、十四日には吉田が訪問することにマッカーサーは同意したと、リチャード・B・フィンは書いている。やはりこの件については吉田には熱意がなかったととれる。フィンによると、

「マッカーサーの解任にもっとも深く心を動かされた二人の日本人は天皇と吉田首相であった。両者とも別れの挨拶に元帥を訪問したいと熱望し、側近が反対しても容易に諦めなかった」となる。(註1)

また、後任のリッジウェイは、回想録の中で、「いかなる状況であれ、最高司令官が天皇を訪問してはならないという助言を受けていたと述べている」そうである。(註2) それが敗者に対して勝者のとるべき態度という認識だったのだろう。

マッカーサー自身、『回想記』の中で次のようにのべている。離日に際し、

「日本の国会は感謝決議を採択し、韓国の議会も同様な決議を採択した。天皇はみずからお別れのあいさつに訪問されて、悲しみの言葉を述べられた。吉田首相は国民へ次のように

放送した」

と、その内容を引用している。（註3）

マッカーサー解任に吉田がどれだけのショックを受けたかは想像できる。十四日付で吉田が送った「マ司令官の帰国を惜しむ感謝と告別の辞」にも、その気持ちは溢れている。（註4）

側近たちの運動に対する吉田の無関心さは、マッカーサーが参内することなどあり得ないと吉田は熟知していたのかもしれないし、GHQの主の交替という難問に直面してしまった吉田にとっては、マッカーサーを参内させ得るか否かは田島たちが考えるほど大きな問題ではなかったのかもしれない。

占領という異常事態がなければ吉田は首相にならなかっただろうとしたあとで、高坂正堯は次のような指摘をしている。

「近代政治学の術語を使うならば、彼は出力、すなわち政策を立派なものにすることにおいては秀れていたが、その政策を支えるための支持、すなわち入力を生み出すことはできなかったのである。だから彼の命令を人々が聞いたのは、『彼の上にマッカーサーという権威があった間』であった。もちろん、彼はマッカーサーに対して卑屈であったというわけではない。彼は他のだれよりも、マッカーサーに対して自己を主張し、日本の尊厳を

守った。しかしそれと同時に、彼がおそらく他のだれよりも、マッカーサーを必要としたという不思議な事実も忘れられてはならないのである。(註5)」

では、「マッカーサーの解任にもっとも深く心を動かされた二人」のうちのもう一人とされた昭和天皇はどうだったのだろう。すでに触れたように、ダレスとマッカーサーの日本の進路に対する意見の差を感じると、それぞれにメッセージを送っておられる。昭和天皇がマッカーサーを本当にはどう見ておられたのか、私たちとしても知りたいところである。

〔註〕

註1…リチャード・B・フィン著・内田健三監修『マッカーサーと吉田茂』下(同文書院インターナショナル　一九九三年)一四七ページ

註2…前掲書　一四九ページ

註3…ダグラス・マッカーサー著・津島一夫訳『マッカーサー回想記』下(朝日新聞社　昭和三十九年)三一四―三一五ページ

註4…袖井林二郎編訳『吉田茂＝マッカーサー往復書簡集』(法政大学出版局　二〇〇〇年)三五三―三五四ページ

註5…高坂正堯『宰相吉田茂』(中央公論社　昭和四十三年)八〇―八一ページ

再び昭和二十三年

十一 「おことば案」に到るまで

田島道治と吉田茂の意見の違いなり葛藤は、林敬三引き抜き問題など幾つかあった。もっとも吉田が上司なので、〝葛藤〟というより、反抗とすべきなのかもしれないが、「日記」と「文書」にみるその最大のものは、昭和二十七年五月三日の「おことば案」をめぐる二人の綱引きである。

講和条約発効と憲法五周年記念式典が行われるその日、天皇が「おことば」を発表なさる。その原稿を、周囲に相談しながら田島が作成する、その過程での問題である。これについて

は拙著の中ですでに触れている。(註1)
しかし、今回新たに発見された「おことば案」草稿が四通あることと、すでに拙著の中で述べたことに対して解釈を変えた事情もあるので、もう一度「おことば案」に到る経緯を振り返ってみたい。

「東京裁判前後　重大問題調書及書翰写」と朱墨で書かれた縦約三十二センチ、横約二十八・五センチの茶封筒がある。「田島文書」の中では、それが最も古いものの一つと推察される。その理由は、封筒の上部が破れ紙も皺が寄っているという外見だけではなく、就任の年、昭和二十三年に書いた、または受け取った手紙や書類が入っているからである。封筒の中には、以下のものが入っていた。

◉すでに触れた「田島書簡」。一九四八年十一月十二日付ダグラス・マッカーサー司令官あての田島書簡控え。英文の控えが二枚。

◉貴族院の封筒に「徳川邸内田島道治殿」と書かれた書類。

その上に、朱で「御退位問題　内閣の意見交渉書類」と、田島の字で記されている。内容は一枚三百字ほどが二十二枚にわたってごく薄い紙にタイプで打たれた「御退位問題と戦争責任問題」と題する昭和二十三年七月十日付の文書である。最初のページに「極秘」の印が押され「田島長官閣下私見何等御参考迄　外務省特別資料部第一課三宅喜二郎」と手で書かれた紙と、「外務事務官　田村豊」の名刺が添えられている。三宅がこれを書き、田村に渡し、田村から田島に送られたと推測してよいだろう。内容は、開戦及び敗戦に対し、天皇には憲法上及び政治上の責任はない。責任は内閣と軍部が主で、次に内大臣、重臣、枢密院と議会にある。政治的責任がない以上、〝道徳的責任〟もないので、退位は不要。退位がもたらす影響及びどうしても決行されるならば、その時期はいつがよいのだろうかという検討である。

◉赤罫の「宮内府十號罫紙」十七枚に手書きで記された文書もある。いつどういう場所で発表されたものかは不明だが、出だしの部分は、

「天皇陛下御退位の問題について政府の所見を申し述べます。終戦以来内外に於て御退位に関する是非の論議及至は其のことの実現せらるゝや否やの豫想について諸種の言論が行われているのでありますが、其の根據は今次太平洋戦争開戦及敗戦の責任が日本帝国の元首たる天皇の御身に関わるに非ずや、別言すれば陛下も何れかの意味における戦争責任を有せられるに非ずやとの見解に立脚するものと思考せられるのであります。

　所謂戦争責任と申しまするも其の内容を考察するに、第一に我が国家制度上の責任即ち憲法上法律上の責任、第二に政治上又は実質上の責任、第三に道義上の責任を分かつことが出来るのであります」

となっていて、内容が三宅文書にかなり似ている。こちらの文書は、日付はわからないので、影響と断言はできないが、似ているとだけは言える。ただ、この筆跡は田島のものと似ているのだが、彼の字ではない。議会の答弁用に作成されたのかもしれず、答弁は宮内府次長がうけもっていたので、次長(林敬三)の手で書かれたのかもしれない。

◉もうひとつは、東光出版社の原稿用紙九枚にやはり手で書かれたもので、「一、御退位問題ニ付テハ、ソノ何レニセヨ、早晩、肚ヲ決メルベキ時期ニ至ルベシト存ズルモ、本件ニ関スル貴見如何?」と外国側の態度、時期、影響などについて、三つの質問に対しくわしい答が並んでいる。これが東京裁判終了以前に書かれていることは、「キーナン以下検察側」などの態度を問題にしていることからもわかるが、これは明らかに他人の筆跡である。

ただ、この文書で注目すべきは、六枚目にマッカーサーから書簡を貰う必要があるのではと述べている点である。退位について国論が対立し混乱しているので、早く明確な態度を打ち出す必要があるとした上で、

「尚此ノ場合　更ニ
1　極東裁判ノ判決トノ時期的関係。
2　御退位セラレザル所以ノ書キ方　発表ノヤリ方。
3　MAC　書簡(?)ノ要否。

(天皇ニハ責任ナシ、又日本再建ノタメニハ現在ノ方ノ御在位必要ト認ムルヲ以テ御退位論ハ問題ニナラヌ旨ノモノ)

等ニ付キ考究ヲ要スルモノト存ズ」

としている。誰の筆跡とも、時期も判決以前としかわからないが、退位問題決着のためには、マッカーサーから「退位すべからず」との書簡をもらう必要があるかないか研究しようという案があったことになる。

●また、同じ問答形式をとった「宮内府十號罫紙」十枚に書かれた文書もある。これも日付はないが、問いに答えているものとみえる。議会での議員に対する答弁らしいが、これも田島の筆跡ではない。

●この古封筒の中には、他にもいろいろと入っている。それらを一まとめにすると、昭和二十三年十月二日日本輿論調査研究所発行の『輿論調査レポート』(第二二号)もその一つだが、「天皇退位問題の賛否とその主たる理由について」が特集されている。二十三年八月十五日発行の『日本週報』第八九―九〇号も入っている。これも「東京裁判」が特集で、「天皇は退位なさるべきか」を横田喜三郎(一八九六―一九九三)、三木武夫(一九〇七―八八)、山浦貫一(一八九三―一九六七)、加藤シヅエ(一八九七―二〇〇一)たちが論じている。

二十三年六月十五日付『時事通信』の「日刊時事解説版」も残されている。これも、「天皇退位説はどうして出てきたか」が出ているからであろう。

退位問題が大きな懸案であり、情報収集に努めている田島の様子が窺える。

その他、八月十三日付の「本日の讀賣新聞の記事は頗《すこぶ》る正確さを欠き……」と始まる「鈴木法務総裁談」の三ページ、また衆議院議員只野直三郎による八月二十日付「日本再建の基本方針に關してマッカーサー元帥閣下に書を捧呈す」と題した日本語による十一ページ、英訳文も同じく十一ページの建白書がおさめられている。この中で只野は、主権在民ではなく天皇主権国家を作り上げるべき、と新憲法を批判し、府県を統合して二十ほどの州に分け自治を認めるべきなどの提案を行っている。

●「総理談話」

この同じ封筒からは、①六通の短い手書き草稿と、②一通の長い田島による手書き草稿がまとまって出てきた。

①の特徴は、それぞれに筆跡の違う六通全部が、吉田総理の談話という形をとっていることである。②は、とっていない。

①の背景を田島の「日記」で探ると、すでに引用した昭和二十三年十一月十一日付で、

「5-9　侍従長邸東京裁判関係案文ヲネル　四人ノ外式部頭ト総務課長　侍従長案ヲ主ト

ス　一応デッチアゲノコトトス」と出てくる。
紀尾井町の宮内庁用地には、入ってすぐ左に三谷隆信侍従長邸、ずっと奥に長官官舎があった。その夜、侍従長邸に集まったのが六人で、封筒から出てきたのは①が六通。また、この草稿の書かれた時期が「極東裁判の判決が確定し……」と、昭和二十一年五月に始まった東京裁判の判決が、二十三年十一月十二日に言い渡されることになっていた。その判決確定後にステートメントを出そうとしたのだろう。「日記」の十一月十一日というのは判決の出る前日。時期としては、ぴったり合う。しかも六通全部が「総理談話」の形をとっているのだが、誰が発案者で、どうして首相の談話を宮内庁の人たちが書くのかなどについては、「日記」からは何もわからない。

それぞれがごく短いのだが、出だしの部分を幾つか引用する。

一つは、「参内後の総理謹話発表案」と題し、「唯今皇居に参内今回の国際裁判の結果に関し御軫念《しんねん》の御見舞を言上申上げました処　天皇陛下には判決を受けた人々の身の上を案ぜられ感慨深げにおいたわりの御言葉を漏らされ……」と始まっている。

田島筆跡のものは、「極東軍事裁判の判決が確定し、（茲《ここ》に）我等（々）は（再び）過（ぎ去った戦争と、之に先立つ）十数年間の日本国の歩みにつき改めて反省を深くせざるを得ない」と始まる。

また、「政府発表総理談案」で、「国際裁判の終局に当たり政府の所信を申し述べます」で始まるものも、「内閣総理大臣談」で始まるのもある。

六人が誰であるかは、長官、三谷侍従長の他に、「日記」によると式部頭と総務課長とあるが、あとの二人が誰かはわからない。おそらく林敬三次長は入っていたのではないだろうか。

「一応デッチアゲノコトトス」とは、あまり気合が入っているようにはみえない。しかし、〝デッチアゲ〟とは、気合とか熱意とかには関係なく、あわてて、急いで書いたという意味だという意見のあることも記しておきたい。

どちらにしても、ほとんどが未完のこの「総理談話」は、発表されなかった。完成させるのを田島たちがあきらめたのか、吉田茂に拒否されたのか、理由はわからない。だが、発案者はもしかしたら昭和天皇ご自身ではないのかと思わせるのは、昭和二十四年五月八日付『芦田均日記』の記述である。

「二時半頃田島道治君が見舞に来られた。その時に二人で思出話をしたが、就中田島君の就任当時に心配した退位の問題が事なく解消したことを二人で祝つた。軍事裁判が執行された去年十二月二十三日、私は小菅にゐて弁護士からニュースを聞いて、先づ頭に浮ん

だことは退位問題の起る形勢はないかといふことであつた。田島君の話によると刑の執行期日前に宮内府の首脳は必要とあればステートメントを発表する為め七人が別々に起案したのだそうだが、さて持ちよつて読んでみると、ドレも安全なのはない。外国によいものは内地に向かず、内地で好いと思ふものは外国に差支へるといふので困つた。然し結局出さないで了つた。その事情は宮内府長官からお上へ奏上したが、其時にお上は『出さないで困るのは私だ』と仰せられた。田島君はこのお言葉を解釈して、お上はその機会にお気持をはつきり公表したいとお考へになつてゐらしつたものだと言つた。(註2)」

芦田によると、中止の理由は「外国によいものは内地に向かず、内地で好いと思ふものは外国に差支へる」となる。この中止に対し、昭和天皇は「出さないで困るのは私だ」と田島におっしゃったとあるので、もしこれが本当とすると、「総理談話」という形で天皇の〝真のお気持ち〟を伝えるようにと指示なさったのは、天皇ご自身ではなかったのだろうか。

ただ、田島の「日記」と芦田の『日記』のこの件に関しては、幾つかの矛盾がある。

まず昭和二十三年十一月十一日の夜、ステートメント案に取り組んだ側近の数を、『芦田日記』は、七人、田島の「日記」には六人らしく書かれているが、これは大きなことではない。問題は、ステートメント案の書かれた時期である。田島の「文書」から出てきた六通のそれぞれが、「極東軍事裁判の判決確定に際し……」などの表現を用い、昭和二十三年十一月十二日、極東裁判の判決言渡しの日を目指したものであることを明記している。

それに対し、『芦田日記』は、「刑の執行期日前」と限定しているのである。つまり刑の執行の十二月二十三日以前である。

ただ、芦田は半年後に田島の話を聞いて書いているので、聞き違いや記憶違いの可能性もある。もう一つ、田島たち側近が十一月十一日にステートメントを書いたことは事実だが、もう一通、刑の執行日の十二月二十三日に向けてもステートメントを準備した可能性があるのだろうか？　痕跡は全く残っていないのだが。

重要なのは、「出さないで困るのは私だ」と天皇がおっしゃったかどうかである。田島の「日記」には出てこないのだが、信頼している芦田に田島がぽろりと洩らしたことは考えられる。

次に、以上の六通と一緒に封筒から出てきた②の文書についてである。

「総理談話」と共に入れられていたので、私は田島は二つの総理談話草稿を書いたのだと考え、最初の著書でもそう述べた。

しかし、②を何度も読み直しているうちに、違和感が生じてきた。これは本当に「総理談話第二稿」なのだろうかという疑問である。②は「極東軍事裁判の判決に際して」と前の六通にはある時期の明記がなく、長く完結した文書である。①の六通が十一日の五時から九時の間の四時間で書かれているのに対し、こちらは推敲を重ねた文章で、とても四時間で仕上げたものではない。

「総理談話」でないとすると、②には他にどんな可能性があるのだろう。

「日記」を探ると、昭和二十三年九月二十二日に、以下のような記述があった。

「Mcト会見　留位ノコトノ説明ヲ話シタシ　後長官談話ノ話」

Mcとはマッカーサーのことで、この田島の短い記述の背景には、首相(当時は芦田均)と田島の天皇の退位問題についての打ち合わせがあったことが、芦田の日記と田島の手書き文書からわかる。

まず九月二十七日付の『芦田均日記』。

「田島宮内府長官が三時半に来訪。Abdicationをしない件について色々打合せた。これはMacArthurと近く話す予定にしてゐるのでその応対振を協議したのである。この点は差当り最も重要な問題である。両者は完全に意見が一致した」(註3)

芦田首相がマッカーサーと会うのは、退位なしの打ち合わせをするためだったのだ。そし

て前の田島の「日記」へ戻ると、芦田と田島は留位について打ち合わせをしており、芦田はマッカーサーと会見することになっているが、もし留位がきまったら、その時には「長官談話」を出すということではないだろうか。

そうだとすると、私が「総理(この場合は吉田首相)談話」の第二稿とみなしていた文書は、芦田首相のもとで出すはずだった「宮内府長官談話」ということになる。

先の『芦田均日記』にみる九月二十七日の田島との会談であるが、田島は幾つかの点について具体的な意見を芦田にのべていた。

田島の「文書」から引用する。

「九月二十七日午前手紙にて芦田氏に送付、午後三時半―四時外相官邸にて会見

九月二十二日首相申入に対する回答趣旨

一、首相マ元帥会見の際、序《ついで》を以て、首相一個の存寄りとして今上陛下御退位然る可からずとの両者の意見一致を見るやうに話合ひせらるる事は異議無きこと。

二、首相一個の存寄りとしての話合ひに付、陛下には奏上せず田島の責任に於て異議なき旨申上ぐる次第に有り、陛下に於《ママ》いては何等御関知なき点特に御了承の上、先方にも此の旨明らかにせられたきこと。

三、現下マ元帥より新憲法再検討に関し申入れある際にも有之、萬一マ元帥に於て、此問題についても、国会の意思又は一般投票による国民の意思等、陛下の御意思以外のものにも依るが如き意見を有するらしき様の場合には、此同問に付累を後日に残さざるやう、首相は可然臨機話頭を轉じ一応話合ひの意図を中止せられたきこと。

四、又　今上陛下後退位然るべからずとの両者の完全なる意見の一致を見たる場合にも之を発表公示するの可否、及可たりとしたる時の其具体的方法、形式内容時期等は幾多至難の問題を包含するにつき、今後の話合に残し此際一切決定無之完全自由を留保せられたきこと」(原文ママ)

と、退位に対するマッカーサーの意見が、〝国民の総意による決定が必要〟というものなら深入りしないようにすすめている。

田島の遺した手書き文書は、今日の表現を使うと、「危機管理」の軌道を示すものである。日本は戦争に敗北し、体制は占領軍によって変えられ、日本という国自体をどうコントロールして行ったらよいのか、一体どうなってしまうのか、史上最大の危機に直面していた。まさにその時期、宮内府長官という仕事を与えられた人物が、全力を尽くして危機を乗り切ろうとしていた。「首相はマッカーサーにこう言って下さい」、「彼がこう切り出してきたら、それ以上は踏み込まないこと」と、銀行や他の分野で培ってきた能力のすべてを注ぎ込んでいた。

昭和二十三年九月下旬、芦田首相の下では、日本側から退位しない旨をマッカーサーに伝え、彼の同意を得ようとしていたことがわかる。その筋書きを書いたのは田島だった。

田島を宮内府長官に任命した芦田と田島との協力関係はこうして続くはずだったが、昭和電工社長日野原節三が商工省課長たちへの贈賄容疑で逮捕という「昭和電工事件」のため、芦田内閣は十月七日に総辞職する。

このために、芦田首相のもとで発表されるはずだった「長官談話」も、そのまま消えてしまったのではないだろうか。

「総理談話第二稿」から「長官談話」へと解釈を変えた経緯については、『中央公論』に書いた。（註4）

②の「長官談話」は、全文を引用する。

——「天皇陛下には満洲事変以来、君国の為に或は屍を戦場に暴し、或は身を職域に殉したる何万といふ人々及其遺族の上に思を寄せられ常に断腸の思をしてお出でになります。又戦傷者、戦災者、引揚者、引揚未済者及その家族等の直接戦争犠牲者ハ勿論、一般に産業の荒廃、諸物價の騰貴、生活物資の窮乏等の為め、国民全般が衣食住にも不自由し、塗炭の苦難に當面して居ることを日夜御心配になつてお出でになります。そして此未曾有の災《さい》殃《おう》を招いたことは時勢の趨《おもむ》く所支へ難きものであつたにも拘らず、陛下としてハ御自分の不徳に由るものの如く御考えになり仰いでは祖宗に愧《は》ぢ畏れ俯しては国民に済まなく御思ひつづけのやうに拝します。

斯様に御心を常に国民の上に寄せられ、御身は皇居に御出でになつても一刻も安き御心持でない様に拝察致しますが、去りとて方今世界の大勢は猶騒然たる上に国内に於ても諸事革新の際とて思潮の対立、紀綱の廃弛等容易ならざる時であり、内外諸般の情勢を大観しますれば、陛下御一身の潔きことに急なるの餘り、国家百年の憂を御閑却になる結果を生じますやうなことは到底許されませぬ事情が存しますので、陛下は此際最も至難な荊《けい》棘《きょく》の道を御とりになる御覚悟を以て、大義名分の存する所に則り天下人心の帰向する所に従ひ国民と共に新なる決意に燃えて身骨を労し心志を苦しめ身を以て艱難の先に立ち、四国宣言受諾の際の『自分はどうなつてもよろしい』との恐れ多い御決意を更に新たにせられ、世論に超越して再建日本の為に全力を挙げて象徴たる御本分を御尽しになり、以て戦争による犠牲者達に報ゆる所あらんと固く御決意の様に拝します。
我々国民は国の象徴たる、又国民統合の象徴たる陛下の此崇高なる犠牲的な御心を体して　日本再建の為に一同感奮興起し戮力《りくりょく》共心誓って国運を扶持恢弘《かいこう》しなければならぬと存ずるものであります」(原文のママ。ルビは『中央公論』編集部)

ここに描かれているのは、国民の苦難を憂い、自己の責任に苦しむ天皇の姿である。戦争を阻止できなかった自らの非力を祖宗に詫び、国民に申し訳なく思い、身は宮中にあっても、心安まるときのない天皇の姿である。個人的には退位で楽になられるかもしれないが、問題山積の現状ではそれもままならず、荊の道を歩まねばならない姿でもある。

すでに引用した同じ年に書かれたと推定される「謝罪詔勅草稿」をもう一度並べてみることとする。

朕《ちん》、即位以来茲《ここ》ニ二十有餘《ゆうよ》年《ねん》、夙夜《しゅくや》祖宗《そう》ト萬姓《ばんせい》トニ背《そむ》カンコトヲ恐レ、自《みずか》ラ之《こ》レ勉《つと》メタレドモ、勢《いきおい》ノ趨《おもむ》ク所能《よ》ク支フルナク、先ニ善隣《ぜんりん》ノ誼《よしみ》ヲ失ヒ延《ひい》テ事ヲ列強ト構ヘ遂ニ悲痛ナル敗戦ニ終リ、惨苛今日ノ甚《はなはだ》シキニ至ル。屍《しかばね》ヲ戦場ニ暴《さら》シ、命ヲ職域《しょくいき》ニ致シタルモノ算《さん》ナク、思フテ其人及《および》其遺族ニ及ブ時寔《まこと》ニ忡怛《ちゅうだつ》ノ情禁ズル能《あた》ハズ。戦傷ヲ負ヒ戦災ヲ被《こうむ》リ或《あるい》ハ身ヲ異域《いいき》ニ留メラレ、産ヲ外地ニ失ヒタルモノ亦《また》数フベカラス、剰《あまつさ》ヘ一般産業ノ不振、諸價《しょか》ノ昂騰、衣食住ノ窮迫等ニヨル億兆塗炭《とたん》ノ困苦ハ誠ニ國家未曾有《みぞう》ノ災殃《さいおう》トイフベク、静ニ之《これ》ヲ念《おも》フ時憂心灼《ゆうしんや》クガ如シ。朕ノ不徳ナル、深ク天下ニ愧《は》ヅ。身九重《きゅうちょう》ニ在ルモ自ラ安カラズ、心ヲ萬姓ノ上ニ置キ負荷ノ重キニ惑《まど》フ。

然《しか》リト雖《いえど》モ方今《ほうこん》、希有《けう》ノ世変《せいへん》ニ際會《さいかい》シ天下猶《なお》騒然タリ　身ヲ正シウシ己《おの》レヲ潔クスルニ急ニシテ國家百年ノ憂《うれい》ヲ忘レ一日《いちじつ》ノ安キヲ偸《ぬす》ムガ如キハ眞《まこと》ニ躬《み》ヲ責ムル所以《ゆえん》ニアラズ。之ヲ内外各般ノ情勢ニ稽《かんが》ヘ敢《あえ》テ挺身《ていしん》時艱《かん》ニ當《あた》リ、徳ヲ修メテ禍《わざわい》ヲ嫁シ、善ヲ行ツテ殃《わざわい》ヲ攘《はら》ヒ、誓ツテ國運ノ再建、國民ノ康福ニ寄與《きよ》シ以《もっ》テ祖宗及《および》萬姓ニ謝セントス。全國民亦《また》朕ノ意ヲ諒トシ中外ノ形勢ヲ察シ同心協力　各《おのおの》　其天職ヲ盡《つく》シ以テ非常ノ時局ヲ克服シ國威ヲ恢《かい》弘《こう》センコトヲ庶幾《こいねが》フ。

（ルビは『文藝春秋』編集部）

二つは、実によく似ている。主語は前者が長官、後者は形式上は天皇だが、同じ人物が書いたのだから当然と言えるかもしれない。しかし、二つの文書の原点には〝天皇のお気持ち〟が在るのだろう。いかに苦しんでおられるか、その真のお気持ちを伝えたい。「荆の道」を歩まれる天皇の前に立ち、その荆を少しでも抜き取りたい。遺品の中から出てきた一枚の短冊、

「徒とめても保勤免てもつと免ても
つ登免たらぬは勤めなり介利」
(つとめても　なおつとめても　つとめても　つとめたらぬは　つとめなりけり)
は、田島の決意の表明であったのだろう。

〔註〕
註1…加藤恭子『田島道治――昭和に「奉公」した生涯』(TBSブリタニカ(現阪急コミュニケーションズ)　二〇〇二年)三〇六―三三七ページ。同『昭和天皇「謝罪詔勅草稿」の発見』(文藝春秋　二〇〇三年)一一二―一二八ページ
註2…芦田均『芦田均日記』第三巻(岩波書店　一九八六年)九九―一〇〇ページ
註3…前掲書　第二巻　二〇一ページ
註4…加藤恭子「宮内庁初代長官が書き遺した昭和天皇の〝真意〟」(『中央公論』　二〇〇三年六月号)二二四―二三三ページ

十二

「おことば案」をめぐって

昭和二十六年

講和条約発効と憲法五周年記念式典が行われる昭和二十七年（一九五二）五月三日、天皇は記念式典で「おことば」を発表なさることが決まっていた。

草稿を書く宮内庁の責任者としての田島道治には、「長官談話」も、「謝罪詔勅草稿」も、つまり天皇のお苦しみを伝えるものは何も発表できなかったという悔恨があったのではないだろうか。

おくればせながら、〝真のお気持ち〟を二十七年の式典での「おことば」には盛り込みたい。

それに対し、吉田茂は過去の謝罪は必要ではないと考える。未来への希望、日本の復興こそが大切である。

物事は、すべてが終ったあとになって初めて、全貌がはっきりするものだ。だが田島が取り組み出した時点では、両者の根本的な差は、田島には明確ではなかったのだろう。彼はただよりよいものを仕上げるために心血を注ぐ。二十六年十二月の田島の「日記」には、「おことば」作成についての言及が四回出てくる。二十七年一月は五回。終日机に向かい文章を練る日もある。二月は七回の言及。三月には、二十回。その間に相談した人々は安部能成、小泉信三、三谷隆信侍従長、宇佐美毅宮内庁次長、高尾亮一（長官官房秘書課長）と加藤虎之《とらの》亮《すけ》（中国哲学者。一八七九―一九五八）である。

田島の「日記」からは、難航した跡が読み取れる。二十七年二月十三日には側近たちと宇佐美次長の出した修正案について論じているし、三月六日には天皇から「八紘一宇的ではないか」という批判を頂く。そこで若い人の感覚も取り入れようと、高尾亮一に相談したのであろう。

「日記」はしばらく措き、田島の残した「文書」へ移ることにする。多くの書類がテーマ別に分類されて封筒に入っていたり、またはバラで残されていたと述べたが、「極秘」と赤丸で囲んだ「憲法五周年『おことば』に関する書類」と朱筆で書かれたよれよれの茶封筒がある。この中には、複数の草稿の他に「おことば」問題の経過を記した二枚の宮内庁用箋も入っていた。

この「経過」は、昭和二十六年八月九日の拝謁で始まり、翌年三月六日で終っている。要点のみ引用する。

「(昭和二十六年八月)
二十八日拝謁(いいものが出来れば出す)
再度二十八日(十一日会見首相出すといはず)
九月十九日拝謁(御催促、田島私案作成拝承)(アブディに関係な案)
十月二日　箱根訪問(小泉に相談すと首相いふ)
十一月九日拝謁(退位論につき、留意の弁)
十一月十一日　汽車中御召し　終戦時の御決心、道義的責任、御留意、天職を尽す
十二月九日(四日会見　首相、田島が書いて見たものを見てよければという□□《不明》進行)
十七日拝謁(高松宮の御注意あったこと言上　第一回草案朗読)
(昭和二十七年)

一月十一日拝謁　(反省必要、舞鶴の捧げ銃、青年の意見)
二月十三日　四人会合　次長案
二十六日拝謁(式典　第二案朗読、第一案ノコト、参与ニ朗読、今一度よめ、愧づ　敗戦
勝てばよいか　平和論者だ　平和の美名によりて安易な考え方をして次の時代を苦しめる
条約の信義
二十六日二回目(再軍備やむを得ず——旧軍閥式ハいや)
二、二九　反省の処　首相ニ私がいふ
三、四　第三回朗読　反省ハ全面的だ
「愧づ」ハ「安からず」
首相で余りかへられたくない
三、四　首相会見　首相曰く　理想なし
三、五　拝謁
三、六　理想を入れろ、文化国家ハ共に悪用される」

式典における「おことば」は、ふつうは主催者側が書き、それに宮内庁が許可を出す形になるのに対し、この場合は異例な方法で行われたと、長年宮内記者を務めた藤樫準二は書い

ている。（註1）つまり主催者である政府が草稿を書くのではなく、天皇のご意向で宮内庁が作成したという指摘だが、田島「文書」はそれを裏付けている。

「おことば」を出したいとの天皇の御意志が先にあり、それは終戦時に決心されたことや道義的責任感に裏打ちされている。吉田は出すとは断言せず、「小泉に相談する」、「書いてきたものを見て、よければ……」とはじめはあまり乗気ではなく、出来上がってきたものに対しては批判している。

この「経過」文書は三月六日で終っているが、その後も田島と吉田の攻防は四月末まで続くことになる。

「憲法五周年『おことば』に関する書類」と題した茶封筒からは、「おことば案」の草稿が何種類も出てきた。八カ月にわたり書き直しを重ねたものである。拙著ですでに行った分類に従い番号をつけてみる。（註2）

① 二十字十行の「全国金融統制會原稿用紙」六枚に書かれたもの。日付なし。昭和十七年から二十年にかけて、田島は全国金融統制会理事であった。

② 宮内庁用箋五枚。日付なし。

③ 三月四日付。

④ 三月十七日付。やはり宮内庁用箋で、「最終案」と書かれている。

⑤　三月三十日付。「最終決定版」、「安倍賛成」と書かれているが、上部の欄外には「吉田首相削除説」とある。戦争に対する強い後悔の記述は消えている。

⑥　四月十一日付。「夜未定稿　吉田首相一読後処感を斟酌して訂正分」と書かれ、吉田の意見を入れて書き直したものである。

⑦　四月十八日付。「首相へ手交」、「一九、首相より□□《不明》秘書官持参」と欄外に書いてあり、訂正と削除がなされている。

⑧　四月二十二日付。「御内閣」、「首相閲覧」と書いてある。

以上が、封筒の中に入っていた八通の草稿である。草稿①の二枚目には、

「戦争の惨禍は甚大を極め、思想の混乱経済の動揺による一般の不安疾苦亦名状すべからず。一念こゝに及ぶ時まことに憂心灼くの思ひに堪へず、菲徳未然に之をとゞめ得なかったことを深く祖宗と萬姓に愧ぢる」

とある。そして②の一枚目には他国との親善は即位以来の念願であったにもかかわらず、

「事志と違ひ、時流の激するところ、兵を列強と交へて（遂に悲惨なる）敗戦を招き、国土を失い犠牲を重ね有史以来の不安と困苦の道を歩むに至ったことは、遺憾の極みであり、（深く祖宗と億兆に愧ぢ）日夜寝食安からぬ思ひがある」

と、「謝罪詔勅草稿」と「長官談話」、前の二つの未発表文書と根本的には同じ態度でのぞんでいる。

だが、吉田や他の人々の意見を聞きながら紆余曲折を経て、苦悩の吐露は弱まり、将来の発展に重きをおいたものになってきている。

以上は、すでに発表された草稿である。これらはすべて茶封筒の中にあった。

それに対し、今回出てきた四通は、バラの書類の間からみつけたものであった。「どうして今まで発見されなかったのか？」とお叱りを受けるかもしれないのだが、「おことば案関係」はすべて前述の茶封筒に入っているものと思い込んでいたのだ。バラの書類の中に、つまり「謝罪詔勅草稿」や「シーボルト外交局長との會談」と一緒に「おことば案」も入っているとは考えなかったことが、この見落としを招いた原因だった。

新しい四通は、番号をつけると封筒内のすでに発表したものと混同するので、ⒶⒷⒸⒹと表記する。

Ⓐ―「新年第一版」と欄外に書かれている。宮内省用箋七枚。昭和二十三年、田島は宮内府長官に就任し、翌年に宮内府は宮内庁となったのだが、「宮内省」は宮内府以前の名称である。

Ⓐに正確な日付はないが、「新年第一版」の「新年」とは、昭和二十七年一月のことであろう。一月二日の「日記」に「例ノ作文」という表現が出てくる。四日夜も推敲している。田島にとっては、「作文」と共に明けた二十七年であった。そこで、一月二日か四日として話を進めることとする。この一月には、十五日も「成人ノ日　終日在宅　例ノ作文」と「おことば案」に取り組んでいる。

Ⓐが一月二日か四日とすると、Ⓑは三月二十日付なので、二カ月以上の空白がある。この間は、田島の「日記」と封筒内の番号をつけた「草稿」でおぎなうこととする。

「日記」に次に〝作文〟が出てくるのは二月十八日で、「例ノ作文試ミル」となっている。十九日には「朝例ノ作文三谷ニ見テ貰フ様書キ残ス」、二十日「小泉氏へ作文届ケル」。

この日には吉田首相へ手紙も出しているのだが、そのことについて二十一日付「日記」には、「松井秘書官在室ニ昨日首相へ返事ノコト(例ノ極秘ノ作文ノコトヲ除キ)心得テ貰フ作文又モ練ル」とあるので、田島が「おことば」案を書いていることは極秘なのであろう。

二月二十九日「安倍能成来室(中略)例ノ作文相談」、三月一日「夜中ニ目覚メテ作文ノ思付キ書付ケル　此続ニテ作文最後ノ仕上ゲト急グモ結論ヲ得ズ」と相変らず取り組んでいる。

三月四日には三通清書し、一通は宇佐美次長に渡し、夕方吉田首相を訪問し、「おことばのこと」も話し合っているので、彼にも一通渡したと思われる。これが③の三月四日付の草稿であろう。三月六日には、前述のように天皇から「八紘一宇的」と批判されている。この批判も、三月四日付の草稿についてと思われる。

Ⓑ—三月二十日付　宮内庁用箋五枚。欄外に「小泉氏閲覧済」と書いてある。これはすでに発表した三月十七日付の④のあと、そして三月三十日付の⑤の前に入るべきものである。「日記」にはこのⒷにつき、三月二十日付で「小泉氏ニ最終案送ル」とあり、それが欄外の「小泉氏閲覧済」の意味であろう。

Ⓒ—三月二十三日付　宮内庁用箋六枚。これはⒷの三日後であるのですぐ後、そして⑤の七日前ということになる。

三月二十日に小泉信三に送った草稿の返事として、翌二十一日の「日記」には、「小泉氏来訪　明日首相東宮様拝謁ノコト（中略）　おことばノコト」と出てくる。二十二日には「首相東宮ニ　後陛下ニ拝謁　其後首相ト打合ス」と吉田は天皇と皇太子に拝謁し、それから田島とリッジウェイ新司令官を招待することなどについての打ち合わせをしているが、恐らくは「おことば案」についても意見をのべたのであろう。この日の「日記」の最後の行は、すでに引用した「首相昨日ノ電話ノコト　トンチンカン」である。

Ⓓ—欄外にAとあり、日付はなし。宮内府用箋五枚。六枚目には単語のみ。

日付がないので、これはどこへ入れればよいのかは不明である。宮内府用箋であるということは、宮内庁用箋より古いとも考えられるが、田島は古い用紙を気軽に使うので、それだけで古いとは言えない。ただⒶ—Ⓓの文章そのものは、それほど変ってはいない。後で、四つの原稿の中から一つを全文引用するが、その際には日付のわからないⒹは除外することにしたい。

茶封筒の中から出てきた「経過」文書も三月六日付で終り、未発表原稿も三月二十三日付で終った。だが、それでも、「おことば」書きは続く。次に続くのは、すでに発表した三月三十日付の⑤だが、二十七日には吉田と田島は「おことば」について話し合っている。よほど難航しているのか、翌二十八日には安倍能成を訪問し、「おことばノコト　ヤメル意モアル話」をしている。この安倍の意見も入れ、気を取り直して、三十日の「日記」には「午前中書斎にておことば整理　最終案作る」と平仮名で書かれている原稿が、三十日付の欄外に「最終決定版」と書かれたものである。

三月三十一日、「おことば案二つ天長ニ浴シ、侍従長、高尾ニ見せ　次長案決意頼む」と、案を二つ天皇におみせして、次長案で決定したいとある。

四月一日には侍従長と「おことば」について相談。田島は吉田首相に書状を送る。この書状の下書きが残されていたので、全文引用する。この引用は今回が初めてである。ただ、「日記」にしても「文書」にしても、私には独力での読解は不可能である。すべて御次男田島恭二氏のお世話になってきた。この書簡下書きに関しては、恭二氏にも不明な点が多く、「少し読みやすくしたもの」と「そのまま解読したもの」の二通りを送って下さった。ここに引用するのは、前者である。

――「拝啓　愈々御清安大いに賀し奉り候　然れば過日お話し候平和条約発効直後陛下のお

ことばとして発表するものの文案同封致し候間御高覧下されたく御意見もこれあり候わば折返し御書示を賜り度く候　五日迄に別段の御囲示これ無く候はば御裁可の手続取運び申す可く候　リッヂウェー司令官御訪問の日取は御都合も在らせられ（ママ？）候間なるべく早めにお知らせの程願上候　次に五月三日式典に関しても前便に申上候通りの次第に付是亦早めに御内示相願ひたくその折のおことばは先達てお目に入れ候節御意見拝承し　将来の我国の抱負の点加筆、大体成案を得、目下仮名遣等検討中に候間右御了承□□□（不明）候　□□□□（不明）の意度如此□□□□（不明）

四月一日三時十五分　植秘書官に手交

吉田首相宛　　書類在中必親展」

この書状と共に、「おことば案」は二通とどけたのであろうか。二日に次長と「おことばニツキ最終的意見」を交わしたあと、三日には「首相ヨリ使ヒニテ短イ方おことばノコト　コチラモ逆ニ再考方イフ」と、なかなか〝最終〟には到らない。五日には小泉信三とまた相談。六日、「首相ニ小泉ト相談ノ結果おことば原案デヨキ旨書留速達デ出ス」。翌日には吉田首相から返事がとどき、八日にその内容を小泉に報告する。十一日には吉田が来室し、十二時十五分から五十分まで「諸事打合　おことば案二通持帰ル」とあるが、これが⑥であろうか。

十三日の「日記」には「吉田首相ナゼ直接話サヌカ」とあるが、これは「おことば案」についてではない可能性がある。十四日「首相秘書官電話明日面談スルトノコト　手紙ハ出サズ」、十六日「夕方首相ヨリおことばの一節削除ノ手紙来ル」、十七日「首相へ返事ヲ書キ　ソノ返事ノ原稿入レ　対案原稿ヲモ入レ　小泉氏ニ送付方秘書官ニ頼ミ御文庫ニ行キ侍従長ト打合セ吉田ト面会前ニ拝謁セントス　吉田へノ手紙内容次長ニモ見セル（中略）三時迄吉田首相会見　申込ニ対シ返事ナシ　追悼式おことばの返事来る」と、最後の行の「おことば」は、五月三日式典のそれではなく、五月二日に新宿御苑で行われる全国戦没者追悼式のおことばについてであろう。

⑦は四月十八日付だが、この日も田島は外相官邸で吉田と会談し、「おことば」について話し合っている。そして、翌十九日にも吉田へ書簡を送る。
二十日には秩父宮が、「おことば」が難航しているようなので、今回はやめることにして、お正月の御談話という形にしては、とおっしゃる。また「侍従長、次長、小泉おことば会議大体首相案ニ従ふ方よしとなる」とも記されている。

二十一日、「安倍訪問 2. 30-3. 20　おことば原案固執　小泉氏訪問 4-4. 50　吉田ノ意

見尊重説　帰宅　おことばについての長官としての考まとめる　〝完全なる主権〟の問題」と、周囲は吉田案に賛成。田島本人の中では苦しんでいるようである。

⑧は四月二十二日付で、これが茶封筒の中に残されていた最終原稿である。

その日の田島の「日記」には、「早朝おことば案最終整理及首相案賛成ノ理由ノート作る　十時拝謁前ニ侍従長トその事打合す」とあり、十時から十一時拝謁、それから吉田と打ち合わせをしている。

二十四日「雨　次長　おことばノ仕上ゲ」、二十五日「おことば英訳の打合はせ　おことば清書　御練習用書上グ」と〝おことば問題〟は首相案にて決着し、清書もすんでいる。

二十八日には高松宮に拝謁、「おことば申上ぐ　別ニ御話もなし　戦争の事□《不明》いはぬよし」、二十九日には「三笠宮　おことばノ意見御持参御来邸」、五月二日には三笠宮に拝謁、「おことば御意見御採用おきこと言上」と、四月は十五回の言及ですべては終り、五月三日の講和条約発効と憲法五周年記念式典が皇居前広場で行われた。

式典で天皇が朗読なさった「おことば」は各新聞に全文がのせられ、ニュースでも報じられた。

この日、宮内庁の煙突に若い男性が上るという事件が起き、三時からの首相官邸での園遊会後、田島は吉田首相に辞表を出した。この辞表は、結局受理されなかった。

ここで「極秘　憲法五周年『おことば』に関する書類」と題された封筒から出てきた①―⑧の草稿と、今回出てきたⒶ―Ⓓの四つの草稿を年代順に並べてみることとする。

つまり田島が天皇のお気持ちを伝えようと筆を執った幾つかの草稿を並べてみることにする。

□で囲んだものが新しい資料である。

① 日付なし
② 日付なし
Ⓐ 昭和二十七年一月二日か四日
③ 三月四日
④ 三月十七日
Ⓑ 三月二十日
Ⓒ 三月二十三日
⑤ 三月三十日
⑥ 四月十一日

⑦　四月十八日
⑧　四月二十二日
Ⓓ　日付なし

封筒の中にあった①―⑧の草稿と、今回みつけたⒶ―Ⓓのうち、最初に書かれたものはどれかを決めるのは、実は難しい。それは封筒内にあった八通のうち、①―②には日付がないからである。また、今回出てきたⒹにも日付がない。これらの方が古いという可能性は捨てられないが、日付のついているものの中だけで見ることにする。

そうなると、「新年第一版」と欄外に書かれたⒶということになる。次が③の三月四日付の草稿である。

この初期の二つに加え、明瞭に書かれているⒸと四月十八日付の⑦の四つの草稿の全文を掲載することとする。ⒶとⒸはもちろん、③と⑦についても全文掲載は今回が初めてである。

先ずⒶに当る「新年第一版」――昭和二十七年一月二日か四日に書かれた草稿である。なお、×をもって訂正してある文字は除外することとする。（写真頁を参照）

新年第一版「おことば案」〔全文〕

昨年九月サンフランシスコに於て調印せられた平和条約は今其効力を生ずるに至つた。国際社會への復帰は、終戦以来朝野待望の目標であつたが、幸にも米国を始め連合国の厚意によつて史上に例なき和解と信頼の平和が招来され、たとひ国民の希望の総てが満たされなかつたにせよ、茲に再び完全なる主権を囬復し得たことは中心同慶に堪えず又深厚なる感謝の意を表せざるを得ない。

今や世界は未曾有の轉機に際し、我国の前途は甚遠く国民の責務は全真重きを加へ、正に国を挙げて覚悟を新たにすべき秋である。

抑文化を治平に求め、内、国民の康福を増し、外、国際の親睦を厚くするは、固と我が国是であり、又(年)《即位以》来の宿願であるにも拘らず、事志と違ひ、時流の激する所、遂に鋒を列強と交へ、今此の悲痛なる敗戦に終り、生命身体財産に及ぼせる戦争の惨禍は甚大を極め、思想の混乱、経済の動揺等による一般の不安疾苦又名状すべからず、一念之に及ぶときまことに憂心灼くの思ひがある。菲徳未然に之を止どめ得ず、深く之を祖宗と萬姓に愧ぢる。

先きに四国共同宣言を受諾し、以て萬世の為に大平を開かんとし、如何なる犠牲も辞せずと心ひそかに期しつゝも、敢て挺身時艱に當り、以来六年餘を閲した所以のものは一に終戦直後の内外実勢之を許さず、躬に一日の偸安を容さば、国に百年の憂を遺すの恐れがあつたからに外ならない。此間終戦に際しての覚悟は平和克復の今日に至る迄、常に新たであるが、一方宇内の情勢は日一日急なるの大局に鑑み、廣く世論に察し、直《(微)》言に聴き、又深く自ら省み、沈思熟慮の末更に留まつて負荷の重きに任へ、誓つて国運の恢弘と国民の福祉に寄与せんとするこそ、真に国を愛し公に殉ずる所以なりと決意するに至つた。延て又世界の平和、人類の幸福に貢献し聊か過去を未来に償ふに足らば幸之に過ぐるものはない。

新日本建設の(大業《使命》)は全国民の双肩にかゝり、全国民の和衷協同によつて始めて達成せられる大業である。任は重く道は遠きも国民統合の核心として常に国民と共に在り、再建を心に誓ひ朝夕孜々として只逮ばざるを懼れるのみである。希くは各天職に従ひ本分を盡し、相携へて此志業を大成し以て萬邦共栄の楽を偕にせんことを。平和成るの日に當り意の存する所を披瀝し共に倶に事を勉め業に励まんことを庶幾ふ。

昭和二十七年三月四日付草稿の〔全文〕（本文中で③としたもの）

国民待望の平和條約は、その効を発し、我国はここに、完全なる主権を囬復し、再び国際社會に伍するに至つたことは、誠に同慶の至りであり、本日此祝賀の式典に臨んで、中心喜びに堪へません。

抑国民の康福を増進し、国交の親善を図ることは、固と我国の国是であり、又即位《(攝政就任)》以来の念願であるにも拘らず、事志と違ひ、時流の激するところ、兵を列強と交へて、遂に悲惨なる敗戦を招き、国土を失ひ、犠牲を重ね、曽て無き不安と困苦の道を歩むに至つたことは、遺憾の極みであり、日夜之を思ふて、(深く祖宗と億兆に愧ぢ、日夜)悲痛限りなく寝食安からぬものがある。(ります)

曩《さき》に四国共同宣言を受諾し、以て萬世の為に太平を開かんと決意し、心ひそかに期するところあつたが、爾来六年有餘、米国を始め連合国の好意と国を挙げての、撓ゆまざる努力とによつて、今再び独立の日を迎え得て、真に感慨無量なるものがある。(ります)ここに内外の誠意と協力とに感謝し、更めて無数の戦争犠牲者に対し、(て)深厚なる哀悼と同情の意を表すると同時に、過去の推移を三省し、誓つて過ちを再びせざるよう戒慎せねばならない。(と思ひます)

今や中外の世局は、実に非常の機に當り、我国前途の多難なること、想像に餘りあり、任は重く、道は遠きも、徒らに明日を憂へず、深く人類の禍福と、之に対して現世代の荷ふべき責務に思ひを致し、同心協力、事に當れば、必ず時艱を克服する途の開かれることは、疑を容れない。須《すべから》く、内は民主主義に徹して、節度と責任を重んじ、外は国際の信義を守つて、世界の平和を旨とし、以て国運の恢弘に努むべきである。(ります)

新日本の建設は、八千万国民の双肩にかかる大使命である。躬《み》菲《ひ》徳《とく》なりと雖も、真志を同うして、天職に忠ならんとし、過去を顧み、世論に察し、沈思熟慮を重ねた末、自らを励まし、負荷の重きに任へんことを期し、朝夕その及ばざることを恐れる。(のみであります)冀はくは、共に分を盡し、事に励み、相携へて此志業を達成し、一日も早く其慶を倶にする(せん)ことを切望して已《や》みません。

昭和二十七年三月二十三日付「おことば案」〔全文〕（本文中で©としたもの）

平和條約は、国民待望のうちに、その効力を発し、我国がここに完全なる主権を囘復して、再び国際社會に加はるを得たことは、まことに喜ばしく、新憲法實施五週年の此日、此式典に臨み、一層同慶の念に堪へません。

国民の康福を増進し、国交の親善を図ることは、もと我国の国是であり、又攝政以来終始変らざる、念願であったにもかかはらず、勢の赴くところ、兵を列国と交へて大敗し、人命を失ひ、国土を縮め、遂にかつて無き、不安と困苦を招くに至つたことは、国史の成跡に顧みて、悔恨悲痛、寝食爲めに安からぬものがあります。

さきに、萬世の爲に、太平を開かんと決意し、四国共同宣言を受諾して以来、年を閲すること七歳、米国を始め連合国の厚意と、国民必死の努力とによつて、遂にこの喜びの日を迎ふることを得、實に感慨無量であります。ここに、内外の協力と誠意とに、心より感謝すると共に、わけても戦争による、無数の犠牲者に対しては、更めて深厚なる哀悼と同情の意を表します。なお此際、敗績の由つて来つたところを深く省み、相共に戒慎し、過ちを貳《ふたた》びせざることを、心に誓ふべきであると思ひます。

今や世局は非常の機に臨み、前途もとより多難ではあるが、徒らに明日を憂ふることなく、深く人類の禍福と、之に対する現世代の責務とに、思ひを致し、同心協力、事に當れば、時局の難を克服するのみならず、新憲法の精神を発揮して、新日本建設の使命を達成することは、期して待つべきであります。すべからく、民主々義に徹して、国際の信義を守るの覚悟を新たにし、東西の文化を綜合して、国本に培ひ(通商殖産)を振興して、民力を養ひ、以て邦家の安栄を確保し、世界の協和を招来すべきであると思ひます。

この時に當り、身寡薄なれど、既往を顧み、世論に察し、沈思熟慮、敢て自らを励まして、負荷の重きに任へんことを期し、只日夜逮《およ》ばざるを恐れてをります。希くは、共に分を盡し事に勵み、相携へて、国家再建の志業を大成し、以て永く慶福を共にせんことを、切望して已ません。

①と②とⒹは日付がないと、すでに述べたが、田島恭二氏によると、この三つともが二十七年の新年第一版辺りに書かれた比較的古いものではないかということである。それは「愧《は》づ」という強い表現が残っているからで、これに対し吉田が反対していたことは前述の「経過」にも記されている。

「三、四(前略)「愧づ」ハ「安からず」首相で余りかへられたくない」

とある。

「新年第一版」では、「愧ぢる」を用いており、この表現は「謝罪詔勅草稿」、「長官談話」から貫かれている烈しい後悔をあらわす、田島としてはどうしても使いたい表現なのだ。「三月四日付草稿」にも、「深く祖宗と億兆に愧ぢ」とあり、これに対して吉田が批判したのであろう。

「三月二十三日付草稿」には「愧ぢ」は消え、「……悔恨悲痛、寝食爲めに安からぬものがあります」と、吉田の提案する「安からず」になっている。しかし、前にくる表現は相変らず強い。

一応作製したリストによると、最も新しい、つまり完成に近いものは四月二十二日付である。しかしこれは、日付はついているものの出だしの一枚しかなく、未完成に終っている。その次に新しく、しかも完成しているのは四月十八日付なので、「おことば案」経緯の中での最終稿として、それを発表することとする。

この欄外には「四・一八首相へ手交、一九、首相ヨリ松井秘書官持参」と書かれている。

昭和二十七年四月十八日付「おことば案」（全文）（本文中で⑦としたもの）

平和條約は、国民待望のうちに、その効力を発し、（我国が）こゝに、（平和の完全なる主権を）

囬復(して、)《を見》再び国際社會に加はるを得たことは、まことに喜ばしく、新憲法実施五週年の此日、此式典に臨み、一層同慶の念に堪へません。

さきに万世の為めに、太平を開かんと決意し、四国共同宣言を受諾して以来、年を閲すること七歳、米国を始め連合国の厚意と、国民不屈の努力とによって、遂にこの喜びの日を迎ふることを得ました。こゝに内外の協力と誠意とに、《対し、》心より感謝すると共に、戦争による、無数の犠牲者に対しては、更めて深甚なる哀悼と同情の意を表します。

もと、国民の康福を増進し、国交の親善を図ることは、我国の国是であり、《又》攝政以来(終《の》始変らざる)念願であったにも拘らず「(事志と違ふ《これに違ふの事態を生ずるに》至ったことは)まことに遺憾であり、」特に此際、その由って来つたところを、《各》深く省み、相共に戒慎し、過ちを再びせざることを、堅く心に銘す《(誓ふ)》べきであると思ひます。

今や世局は、非常の機に臨み、前途もとより多難ではありますが、徒らに明日を憂ふることなく、深く人類の禍福と、之に対する現世代の責務とに思ひを致し、同心協力、事に當れば、ただに時難を克服するのみならず、新憲法の精神を発揮し、新日本建設の使命を達成することは、期して待つべきであります。すべからく、民主主義の本義(旨)に徹し、国際の信義を守るの覚悟を新たにし、東西の文化を総合して、国本に培ひ、殖産通商を振興して、民力を養ひ、以て邦家の安栄を確保し、世界の協和を招来すべきであると思ひます。

この時に當り、身寡薄なれども、既往を顧み、世論に察し、沈思熟慮、敢て自らを励まして、負荷の重きに任へんことを期し、日夜ただ逮《およ》ばざることを、恐れるのみであります。希くは、共に分を盡し、事に勉め、相携へて、国家再建の志業を大成し、以て永く其慶福を共にせんことを、切望して已みません。

この最終稿は、ほとんど実際に発表された「おことば」に近いものになっている。

「事志と違ひ、時流の激するところ、兵を列強と交へて（遂に悲惨なる）敗戦を招き、国土を失い犠牲を重ね有史以来の不安と困苦の道を歩むに至ったことは、遺憾の極みであり、（深く祖宗と億兆に愧ぢ）日夜寝食安からぬ思ひがある」

このような天皇の悔恨と謝罪の念を表現する厳しい文章は、吉田始め、安倍能成、小泉信三など側近や知人友人たちの誰からも賛同を得られなかった。彼らの意見を入れて書き直すうちに、表現は大人しく、過去よりも未来を目指すものになって行った。

力になれなかったと言う安倍能成も、「……陛下の御苦衷、並びにこの御苦衷は副《そ》うとした田島の心事に対しては、涙なきを得ない」（註3）（ルビは編集部）としているし、五十年間宮内庁に関係した元記者藤樫準二は、反対意見に対し「……陛下の思召を率直に挿入しておきたかった田島長官がムッとして……」顔色を変えて怒ったと記している。（註4）

吉田と田島、そして二人の周辺の人々の合作とも言える「おことば」は、以下の通りである。

◉式典で読み上げられた「おことば」

「さきに、万世のために、太平を開かんと決意し、四国共同宣言を受諾して以来、年をけみすること七歳、米国を始め連合国の好意と国民不屈の努力とによって、ついにこの喜びの日を迎うることを得ました。ここに、内外の協力と誠意とに対し、衷心感謝すると共に、戦争による無数の犠牲者に対しては、あらためて深甚なる哀悼と同情の意を表します。又特にこの際、既往の推移を深く省み、相共に戒慎し、過ちをふたたびせざることを堅く心に銘すべきであると信じます。

今や世局は非常の機に臨み、前途もとより多難ではありますが、いたずらに明日を憂うることなく深く人類の禍福と、これに対する現世代の責務とに思いを致し、同心協力、事に当るならばただに時難を克服するのみならず、新憲法の精神を発揮し、新日本建設の使命を達成し得ることと期して待つべきであります。すべからく、民主主義の本旨に徹し、国際の信義を守るの覚悟を新たにし、東西の文化を総合して、国本につちかい、殖産通商を振興して、民力を養い、もって邦家の安栄を確保し、世界の協和を招来すべきであると思います。

この時に当り、身寡薄なれども、過去を顧み、世論に察し、沈思熟慮、あえて自らを励まして、負荷の重きにたえんことを期し、日夜ただおよばざることを恐れるのみであります。こいねがわくば、共に分を尽し事に勉め、相たずさえて国家再建の志業を大成し、もって永くその慶福を共にせんことを切望してやみません。」

昭和二十七年五月三日は、独立と憲法五周年記念式典の日であった。宮内庁の鉄筋煙突に宮内庁用度課職員が上り、赤毛布に「天皇制打倒」という意味の言葉を書いてたらしたという事件の他は、式典は無事に終った。

この日付の『朝日新聞』の夕刊は、式典は「雲一つとどめない五月晴れの三日」に行われたと、その成功を報道し、「(前略)このお言葉は政界に久しくわだかまっていた〝天皇退位説〟に終止符を打ち、陛下が国民とゝもに新日本建設へ直進される御心境を明かにされたものとみられている」としている。

同日付の田島の「日記」には、「式典ハ無事ニ終了、約一年苦労ノおことばモよし」と、一点の曇りもない。だが、その日の夕刻に吉田首相に提出した辞職願いは、〝煙突男〟のためだけだったのだろうか。

宮内府、そして宮内庁長官としての田島道治は、主語は違うものの、手書きで幾つかの原稿を書いてきた。「総理談話」の主語は吉田茂、「長官談話」は田島自身、「謝罪詔勅草稿」の主語は「朕」、「おことば案」も天皇の「おことば」である。

最初の「総理談話」は側近六人が、昭和二十三年十一月十二日の東京裁判判決に向けてそれぞれに書いたものであることはすでに述べたが、断片にすぎないので除外することとする。

これを除くと、最初に田島が完成させたものは、昭和二十三年九月二十二日の「日記」の記述を受けて書いた、芦田均首相のもとでの「宮内府長官談話」と考えられることはすでに述べた通りである。

次に時期不明だが、おそらくは昭和二十三年秋から冬にかけてのものと思われる「謝罪詔勅草稿」、昭和二十七年五月三日へむけての「おことば案」の幾種類かと続く。

この三種類の草稿は、最後の「おことば案」を除いては、実際に公表されることはなかった。「長官談話」は芦田内閣の総辞職により、また「謝罪詔勅草稿」は、理由は不明なのだが田島家の文書の中で眠り続けていたのだ。

しかし、この三種類の文書を貫く田島の基本的姿勢、そして強い願いは、「天皇の真のお気持ちを伝えたい」というものではなかったろうか。

例えば村井長正侍従は、当時の橋本明記者にはっきりと昭和天皇の苦悩なさるお姿を伝えている。大声で独り言をおっしゃることもあった。

「陛下は他国民に与えた人的物的損害や自国民に与えた苦痛を原因とする心の葛藤、退位に関するお気持ちをそのまま、御座所で訴えておられた。そのお訴えの内容を申す訳にはまいらないが、それは大変厳しいもので、ご自分を責めに責めておられた（註5）」

と村井は橋本に告げている。

二十三年十一月十二日のA級戦犯二十五被告に対する判決の夜も、村井は宿直当番になった。

「その十一月十二日、村井は陛下に要件を伝える用事があったため御座所のドアを開けた。『陛下は眼を泣き腫らして、真っ赤な顔をしておられた。生涯忘れられないお顔である。私は恐れおののき、視線を落とし、二度とそのような陛下を見まいとして要件だけ述べ、顔を伏せたままドアを閉めた』と村井は思い出を語る（註6）」

と橋本は書いている。

「田島日記」においては、田島は苦悩なさる天皇のお姿を記してはいない。しかし自身の体験として、侍従たちからの話として、田島は充分に天皇のお気持ちを理解し、それを国民に伝えたいと願っていたのであろう。

「長官談話」、「謝罪詔勅草稿」、「おことば案」の初期の草稿の幾つか――これら三種類の文書には、その「お気持ち」の表明に幾つかの共通点がある。

◉海外諸外国と親しい関係を築くことは、わが国の国是である。

◉即位以来、その国是の実行継続を、祖先と国民に背くことのないよう、努めてきた。

◉しかし、時流に抗することができず、遂に戦争に巻き込まれてしまい、敗戦という結果に終った。

◉人的そして物的惨禍は甚大で、国民は塗炭の苦しみに当面している。

◉これらを招いてしまったのは、自らの不徳、非徳であり、深く祖宗と国民に愧ぢている。

◉しかし、この難局に当り、一身の潔さより、身を挺して国家の再建、国民の康福に寄与することをもって、祖宗と国民に謝したいと思う。国民も、また、その志を理解し、力を合わせてくれることを願う。


以上の要点の全部が、三種類すべての文書においてかなり烈しい表現を用いて述べられているのはすでに見てきた通りである。もう一度その幾つかを引用すると、「断腸の思」、「仰いでは祖宗に愧ぢ畏れ俯しては国民に済まなく」、「最も至難な荊棘の道を」、「…憂心灼クガ如シ。朕ノ不徳ナル、深ク天下ニ愧ヅ。身九重ニ在ルモ自ラ安カラズ」、「…遺憾の極みであり、深く祖宗と億兆に愧ぢ、日夜之を思ふて、悲痛限りなく寝食安からぬものがある」など。

昭和二十七年五月三日の式典における「おことば」は、発表された唯一のものであるが、昭和天皇の「真のお気持ち」は伝わったのだろうか？

三種類の文書のすべての要素が盛られているのではないかと言われれば、それもある程度は正しい。だが鋭さが消え、それぞれの表現が緩和されてなめらかな文章になっている。

さて、この「おことば」をニュース映画で見たり、新聞で読んだりした国民の側の反応である。当時テレビはまだ出現していない。

私自身もまた、国民の一人であった。小学生から女学生として戦争時代を生きた私も成人して、昭和二十五年には結婚、この式典の翌年にはアメリカ留学へ旅立つところであった。ニュース映画と新聞で「おことば」に接した。ニュース映画では、ある程度の反省と追悼は昭和天皇の荘重なお声から感じられたものの、未来への希望と決意をより強く印象づけられたものだった。しかも「いたずらに明日を憂うることなく」の「明日」の部分を、「いたずらに過去を憂うることなく」と理解してしまい、新聞を読み返して〝過去〟ではなく〝明日〟だったと気付いた次第だった。吉田茂の「首相曰く　理想なし」、「理想を入れろ」の未来指向は、見事に成功したことになる。

しかし、これしか知らないできた一国民は、それから五十一年後、田島の遺品の中から出てきた「謝罪詔勅草稿」の文章に驚愕し、震えたのである。

昭和天皇がここまで苦しんでおられたとは。ここまで祖宗と萬姓(国民)に詫びておられたとは。

この「草稿」については、様々な説があり、史料として確定されたものではない。(註7) しかし、お側に仕えていた田島が感じ取った昭和天皇の「真のお気持ち」だったことに間違いはない。

(発表して頂きたかった)

と、強く感じた。

子供として戦争中を生きた私たちの世代には、大人たちがいてくれた。でも、あの頃の大人たちには、他には誰もいなかった。天皇の名のもとで始められた戦争で戦死した兵士たち、そして国内で戦い苦しんだ〝当時の大人たち〟にとって、天皇のこのお言葉は、大きな大きな慰めとなったに違いない。

〔註〕

註1…藤樫準二『天皇とともに五十年――宮内記者の目』(毎日新聞社　一九八七年二刷)一一三ページ

註2…加藤恭子『田島道治―昭和に「奉公」した生涯』(TBSブリタニカ(現阪急コミュニケーションズ)　二〇〇二年)三六―三八ページ

註3…安倍能成『戦後の自叙傳』(新潮社　昭和三十四年)二三七—二三八ページ
註4…藤樫準二　前掲書　一一四ページ
註5…橋本明「封印された天皇の『お詫び』」(『新潮45』　昭和六十二年一月号)六二ページ
註6…橋本明前掲記事　六二ページ
註7…加藤恭子・高橋紘・秦郁彦・吉田裕「『昭和天皇　国民への謝罪詔書草稿』四つの謎」(『文藝春秋』　二〇〇三年八月号)一六六—一八〇ページ。篠沢秀夫・福田和也・徳岡孝夫他「『詔書草稿』をこう読んだ」(同)一八二—一九五ページ

十三

人事問題――田島自身の場合

昭和二十八年

これは純粋に〝人事問題〟とはよべないかもしれないが、宮内庁長官の上司は総理大臣である。田島道治自身も何度か吉田茂首相に辞表を提出しようとしたり、またはしたことがある。

昭和二十四年九月に始まった林敬三宮内庁次長引き抜きにしても、吉田が強く主張するようなら、田島は辞表を出すつもりだった。

昭和二十七年五月三日の講和条約発効、憲法施行五周年記念式典の日に、宮内庁の鉄筋煙突に若い男が上り、赤旗代りに赤毛布をたらした。宮内庁用度課職員であった。「首相ト話ス　辞職願出ス」と辞表を出すが、留任となり、十日に吉田がそのことを奏上する。

また、同年の十一月には、皇太子のエリザベス二世の戴冠式参列をめぐって、田島は吉田とかなりぶつかったらしい。具体的な問題点は「日記」からは明確ではないのだが、十一月十六日には、「退耘願上奏大要起草」と、退職願いを書いている。〃上奏〃とあるので、直接天皇へ出すつもりだったのだろう。二十日には小泉信三が来訪、東宮妃が決まるまでは辞職しないようにと言う。二十一日、

「次長と辞耘の上奏案文ニつき陛下ニありのまゝとはいえ駄目との意見ハ尤も　又反省すれば御渡英の事吉田ニぶつからぬハ職務怠り」

と、平仮名と片仮名が交じっているが、宇佐美次長がありのままとはいえ、このような上奏文を出すのはいけないと忠告しているらしい。ただ、御渡英につき、吉田の言いなりになっては、自分の職務怠慢と田島は考えているらしい。上奏文は結局出さなかった模様。

昭和二十八年五月一日には、「辞耘か二者択一ト思フ旨手紙書キ秘書官ニ持参セシム」

と、内閣へ辞職についての手紙を送っている。

その前日には、加藤武男三菱銀行頭取と会っており、彼から平取締役として三菱銀行にこないかと誘われている。田島は後任のことや家計のことについても、加藤に話している。

家計のこととは、敗戦後厖大な財産を失った皇室の交際費として、田島は名古屋や東京に所有していた土地を売って私財を投じてきた。だが、それももう限界に達した。

この手紙を送った相手は、昭和二十七年十月三十日に発足した第四次吉田内閣において、国務大臣兼官房長官として入閣、同年十一月二十八日から副総理に就任した緒方竹虎だった。翌日(五月二日)には緒方が急遽宮内庁の田島を来訪し、吉田首相の意向を伝える。田島の「日記」には、「次長ト話中緒方氏来訪　昨日突然首相来京　一昨日ノ話ト昨朝ノ手紙ヲ話シタ　三菱ヤメノ方ヨシ但シ大蔵大臣ニイツテ機㊙費出スヤウニセヨ」とある。続いて「一昨日ノ話」とは四月三十日「緒方訪問　東京通信工業監査役及三菱ノ平取ノコトキク　首相ト相談ノ上トイフ」を受けている。「昨朝ノ手紙」は、五月一日付の引用した手紙のことである。三菱銀行はやめた方がよい。もし手元が乏しいのなら、大蔵大臣にいって出してもらうこと。

その日のうちに田島は加藤を訪問、三菱銀行についてはことわるが、辞任については意見を変えない。

六月十日に緒方は再び宮内庁来訪、田島と辞職について話し合っている。

十一月七日には御文庫食堂の天井が落ちるという事件があり、九日には責任をとって、田島は辞表を吉田に提出する。これに対する直接的な反応は「日記」には出てこない。十一月十九日に緒方と会った田島は、吉田に辞職促進を働きかけてくれとたのむ。二十日には吉田と会うが、他の話題のことが、「日記」には出てくる。

田島辞任は新聞に報道される。十二月五日には、天皇の田島を引き止めようとなさる「未練ノおことば」に感激するが、七日には次長の宇佐美に初めて辞職のことを話す。十二日には「安部能成モ挨拶ニ来庁　万代及井深モ挨拶ニ来ル」と、辞任は本格的となり、宇佐美新長官の認証式は十六日に行われた。

自分自身の人事問題の結着もこうして着けて、田島は昭和二十八年十二月をもって宮内庁を去った。

十四

「田島日記」における吉田茂と田島道治

〝同志〟として

昭和二十三年六月五日、芦田均内閣のもとで田島道治宮内府長官が誕生したことはすでに述べた。翌年、宮内府は宮内庁となり、田島は初代宮内庁長官となった。

それより半年前の昭和二十二年十二月十九日、GHQの民政局から片山哲内閣の西尾末広国務兼官房長官へ、宮内府改革に関する覚書きが渡された。二十三年二月三日の閣議では、宮内府を他の外局と同様、総理大臣の管理下に置くことを決定したのだが、片山内閣はまもなく退陣。三月十日からは芦田内閣が発足。そしてその年の十月十五日からは、第二次吉田内閣。「内閣総理大臣の管理下の宮内庁」が生まれたのは、昭和二十四年二月十六日に発足した第三次吉田内閣の時代であった。

吉田茂と田島道治との関係は、上司としての総理大臣と管轄官庁の長ということになる。ただ、吉田首相からの指令をすべて受け入れたわけではなく、幾つかの摩擦の事例についてはすでに触れてきた。

吉田にとっては、田島は御しやすい人間ではなかったのだろう。仕事上のこともだが、個人的にも受けるときと受けないときがあったらしい。

昭和二十四年九月十二日付で、吉田は小泉信三へつぎのような手紙を送っている。

「前略、御免可被下候、来九月廿四日バイニング夫人御殿場樺山〔愛輔〕伯別邸ニ宿懸ニて参らる丶、筈ニ就てハ翌廿五日(日曜)宮府《(ママ)》長官田嶋《(ママ)》〔道治〕氏御誘引の上午餐ニ仝所御出如何、御都合相叶候得者同夫人と共ニ清遊一日些か同夫人の労を慰度、幸ニ御都合被下候得者幸甚不過之候、小生今日之より御殿場へ罷越候、此段右得貴意候、敬具」(註1)

ヴァイニング夫人と田島をともなって二十五日の昼食へという招待だが、田島は受けなかったらしい。

九月二十五日の田島の「日記」には、「終日　在宅　論語」とある。吉田よりも『論語』を選んだらしい。

また、昭和二十六年十一月三十日の「日記」には「首相電話　一日朝めし断ル」と、翌日の朝食会は断ったらしい。

仕事上でも、すでに触れたこと以外にも、意見の違う局面は幾つかあった。

昭和二十六年五月十七日、皇太后が心臓病のために急死された。


「大宮様狭心症トノコト　早速両陛下御見舞御出ノコト　首相ニ電話」


このあと、新聞発表などを終える。

それから「法制一応研究　大体考慮　六時迄首相ニ大宮御所ニテ会ヒ副長官デモマワシテ下サイトイヒ　予算当然　但シ質素ノ旨イフ」と、この時点では田島は費用は国から出ると考えていたのではないだろうか。夜十時から関係部局長たちと会議を始めた。

「官房長官来リ　廃朝其他初歩的疑問ニナヤマサル　国葬カ否カ法的根拠及占領治下ニテ国葬好マヌ首相ノ話」と、占領下でもあり、吉田首相は国葬は望んでいない。ただ、「陛下ノ思召次第トモイフ」。

そこで天皇の御意思を伺うと、国葬を希望しておられる。午前一時頃に法務総裁が来て、「国葬令失効ノコトetc　国葬ヲサス国費支弁宮廷費の話アリ」と、法律的にはすでに国葬令はなくなっているので、国費でだすことはできず、宮廷費で賄うように、と告げたのであろう。

五月二十二日に吉田首相を訪問した田島は、吉田が行った政府答弁の間違いを指摘する。「民主党ノ大葬論ノ政府答弁、密葬平和後国葬論ヲ陛下ハイヤトノコト云々トノ話ソレハ違フト今迄ノ経緯イフ　此吉田ノ思ヒ違ヒ（ト本人イフ）ノコト　陛下ニ御文庫拝謁申上グ」とあり、言上したことを松井秘書官に電話している。

大喪儀委員長としての田島は諸準備に忙殺されるが、六月六日に加藤虎之亮博士が追号説明書を持ってくる。「首相訪問　御追号ノコト　予算ノコト　死刑執行ヤメノコト　社会事業下賜金一封（後略）」などを吉田に相談し、また大宮御所の皇太后職の人々が廃官になるについては、寛大な処置をとたのんでいる。

八日には、追号が「貞明」と発表される。

六月二十二日の御葬儀には吉田首相も参列、滞りなく終った。田島は大喪儀委員長を務めた。

八月十二日の日曜、三谷侍従長から電話がかかってくる。「国会勅語　貞明皇后御葬儀感謝　誰ガスル御諚トノコト　不賛成ノ旨イフ」。この三谷と田島の会話だけでは内容は解り難いのだが、後日の「日記」と合わせると、こういうことになる。第十一臨時国会開会式が迫っている。そこで天皇が開会式のお言葉を読まれるのだが、そこへ皇太后御葬儀についての人々の尽力に対し感謝の念を表明なさってはと吉田が進言してきた。田島は、不必要と考える。十四日「開会式勅語案ノ訂正　伺□《不明》シテ一応内閣へ断ル」と、田島は断っている。

しかし、吉田は諦めない。十五日「首相重テ勅語案訂正御裁可ノコト頼ミ来ル」と感謝表明を追加訂正したものを、再度吉田は届けてきた。それもまた断ったかどうかは田島の「日記」には出てこないのだが、断ったのであろう。新聞に発表された十六日の開会式当日のお言葉の中には、感謝表明は入っていないからだ。そして「開会式モ次長ニタノム」と、田島長官本人も出席していない。ここでは、田島長官と吉田首相の意見の差は、形の上では解決されないままに終っている。田島が自分の主張通りにことを運んだということになる。

他にも意見の違いの痕跡は、ところどころに残されている。

昭和二十七年九月二十四日付の「日記」には、「首相宝冠章ノコト□《不明》通」とあるが、ご降嫁なさる内親王にも叙勲すべきと、順宮《よりのみや》の御婚儀決定を機に吉田が田島に書簡を送ったのではないだろうか。二十九日には「菅野官房副長官来室　内親王様叙勲のコト七日閣議慎重とのコト」という報告がある。だが、田島は叙勲必要なしという意見らしい。三十日「首相へ宝冠章ハ御配意無用ト発信（中略）松井秘書官来室　内親王様叙勲ノ件　当方有リノママ伝言タノム」。その「有リノママ」の内容はわからないのだが、二日後の十月二日には「首相秘書官内親王叙勲ハ見合セノコト誤解ナキ点キク」と、「見合セ」という結論に達している。

昭和二十八年五月に行われるエリザベス女王の戴冠式にどなたが出席なさるかについて、秩父宮が皇太子（現天皇）をと提言なさったことは「妃殿下御直話」などにも記されている。（註2）「日記」によると、英国からの招待状が宮内庁に届いたのは昭和二十七年九月九日。十一日には吉田と打ち合わせ、十二日には「次長内閣官房長官ト談合　原則トシテ英国ノ招請御受ケ極秘ノコト」と、招待を受けたことはまだ極秘にすると決まる。十九日に「秩父宮ニ極秘ニ陛下ノ仰セ（東宮Coroノ発案者故極秘ニ報告ありしことを）」と、皇太子を戴冠式に送る案の発案者が秩父宮であったことがここでもわかる。“Coro”は、“coronation”（戴冠式）のことである。

準備は進み、皇太子の交通手段をどうなさるかの段階で、田島長官と吉田首相の意見はまた合わない。十二月二十三日には「松井参事官来訪Canadian Pacificの飛行機ニせよとの話首相（白洲ノ）の□《不明》策拒絶の外なしといふ」とあるが、「飛行機という提案を、田島は首相というより白洲次郎（一九〇二―八五。吉田首相の側近）の意見と解釈しているらしい。すぐに拒否している。

二十六日「侍従長ヨリ東宮往路ニツキ陛下ノ思召ニカ、ハラ《ママ》ヌ話キク　閣僚等　御陪食一時□□《不明》三谷ニキ、　緒方氏ヲ追カケテ室ニテ首相へ翻意方タノム　特ニカナダニ新タナ手打タヌ様タノム」と緒方竹虎副総理兼官房長官に、吉田首相を説得してくれるよう頼んでいる。

そして夜には緒方に電話し、

「二十九日まで待たず何とか願ひたし　拝光後陛下御召し拝謁の際の様子　双方相当ニ強ク、之ハ早ク理屈なしにきめて　即ち首相おれて貰ふ　その為め連絡わるいと思ふなら私がわるいといつもかまわぬ（中略）国事といつても陛下の御子様の事故陛下の御安心のゆく方がよろしい　何とか願ひますといふ」

と、船での御旅行を首相が認めるよう説得してほしいと頼んでいる。天皇はご自身の渡欧のご経験からも船のほうがよいし、飛行機はご心配なのだろう。国事といっても、天皇にとってはお子様のことなのだから、天皇ご自身の安心なさる方法が一番よい。自分を悪者にしてよいからと、田島は頼んでいる。

二十九日には、「欧予算ノコト　一億以上デモヨシ　緒方氏ヨリ電話　円満話済トノコト」と予算が承認されたと電話がかかる。この「円満」の中に交通手段も入るのかどうかは明記されていないが、昭和二十八年三月三十日、皇太子は米国船プレジデント・ウィルソン号で四時に横浜を出帆された。

対吉田との関係において、これは譲れないということについては田島は根気よくねばるのだが、世間で騒がれているようなことについては、「日記」にあまりでてこない。

当時の新聞を騒がした吉田のワンマンぶりにも、昭和二十四年十二月三十日付の中で大磯に池田成彬《しげあき》を訪問したときのよもやま話の中に「吉田氏 one man ノコト etc」とでてくるだけである。

昭和二十七年十一月十日には、皇太子の立太子礼が行われた。この寿詞の中で、吉田は「臣茂」という表現を使って批判されたが、田島の「日記」には緒方副総理との皇太子の御渡英についての打ち合わせ中に、「吉田ノ臣茂ノコト」とちょっと出てくる。

吉田も頑固、田島も頑固の頑固者どうしだったが、二人はしじゅう対立していたわけではない。田島は宮内庁長官であるから、皇室を中心に物事を考え、お堀の内側に居続けるのは当然としても、「日記」を読んで驚くのは、二人の連絡がいかに緊密かということである。吉田がいかに皇室の広範囲における諸事万端に気を配っているかということである。そこまで総理大臣の職務範囲だったのかどうかはわからないが、ともかくも広い範囲に及んでいる。

首相と宮内府長官という関係が二カ月しかなかった昭和二十三年についてはすでに述べたので除き、その後二人がどういう接触をしたかを見てみることにする。例えば外国要人などの陪食に吉田が同席したのかなど、はっきりしない点はあるので、「日記」にある大体の回数ということになる。

昭和二十四年一月—六月

○吉田の参内・拝謁（拝謁の前か後、または前と後の二回、吉田は田島と話している）四回
○吉田からの来訪　二回
○田島からの訪問（外相官邸、首相官邸、議会など、直接吉田にではなく、官房長官などに会う場合も含む）二回
○来訪とも訪問とも、場所もわからないが、二人の会談　四回
○手紙　吉田から　三回、田島から　一回
○官邸に田島が名刺を置く　二回
○吉田の巡幸御見送り　一回
○その他　一回（外相官邸における総理夜宴に田島が招かれる）

昭和二十四年七月—十二月

○参内拝謁　五回（吉田本人の他にも、九月一日には増田官房長官を台風のお見舞いに参

内させたり、他の大臣たちも種々の理由で参内するが、それらは含まない）
○来訪　吉田のメッセージを増田官房長官がもってくる　一回。増田長官夫妻　一回。
○田島からの訪問　七回（他に首相官邸に増田官房長官を訪問一回。留守一回、官邸で松井明秘書官と一回）
○手紙　吉田から田島へ　一回。田島から吉田へ　二回。
○官邸に名刺を置く　一回
○吉田からの電話　五回
○その他　吉田、小泉（信三）、田島の三人で夕食一回、リーダーズ・ダイジェスト社の定礎式に同行　一回

昭和二十五年一月―六月

○参内・拝謁　四回
○来訪　官房長官　一回　首相秘書官　一回
○田島からの訪問　八回
○会談　三回
○手紙　田島から吉田へ　一回（吉田の手紙に言及　一回）

○官邸に名刺を置く　一回
○吉田の巡幸お見送り　一回
○電話　吉田から二回（官房長官から二回）
○その他　シーボルトのパーティ　一回、ユニセフのカクテル・パーティ　一回、首相官邸でＧＨＱ関係者とパーティ　一回

昭和二十五年七月―十二月
○参内・拝謁　四回
○来訪　岡崎勝男官房長官　一回
○田島からの訪問　一回
○手紙　田島から吉田へ　三回、吉田から田島へ　一回
○電話　吉田から　一回
○その他　田中最高裁長官を中心のパーティ　一回、ＧＨＱ関係パーティ　一回

昭和二十六年一月―六月
○参内・拝謁　五回

○来訪　吉田　一回　内閣総務課長　一回　松井秘書官　三回　官房長官　一回
○田島からの訪問　四回(四月八日の分は「大磯行」とのみ書かれているので、吉田か池田成彬かは不明)
○会談　三回
○手紙　吉田から田島へ　一回　田島から吉田へ　四回　(一月十五日のは速達で出す)
○電話　吉田から　一回　官房長官より一回　田島から　二回　首相秘書官から　一回
○その他　大宮御所へ同行　一回　首相官邸立食　一回　米国大使館の会　一回　外相官邸カクテル・パーティー　一回

昭和二十六年七月—十二月
○参内・拝謁　九回
○来訪　吉田一回　(首相代理　一回　松井秘書官　三回)
○田島からの訪問　吉田　五回(官房長官　一回)
○会談　二回
○手紙　吉田から田島へ　四回、田島から吉田へ　七回
○電話　吉田から一回(外相官邸松浦秘書官から　一回、内閣から　三回、松井秘書官か

ら　一回）
○吉田のお見送り　二回
○その他　秩父宮両殿下を中心の首相主催のお茶会一回、バークリー夫妻のための官邸での昼食会　一回

昭和二十七年一月―六月
○参内・拝謁　三回
○来訪　吉田一回　（松井秘書官　四回）
○田島からの訪問　三回
○会談　三回
○手紙　吉田から田島へ　二回、田島から吉田へ　五回（六月七日付は速達）
○電話　（首相秘書官より　一回。岡崎国務相より　一回）
○吉田のお見送り　一回
○その他　追悼式　一回　フランス大使館パーティ　一回、米大使館ディナー　一回、首相官邸園遊会　一回、　リッジウェイ送別会　一回

昭和二十七年七月―十二月

○参内・拝謁　五回

○来訪　（緒方竹虎官房長官　五回、松井秘書官　一回）

○田島からの訪問　吉田　三回

○会談　三回

○手紙　吉田から田島へ　六回、田島から吉田へ　九回

○電話　田島から吉田へ　一回、緒方官房長官より　一回、田島から緒方へ　一回、松井秘書官より　一回

○どういう形か不明だが連絡・打ち合わせ　松井秘書官から　一回、松井秘書官に一回、首相秘書官　一回

○その他　順宮の御婚儀、デンマーク親王の昼食会、フランス大使館パーティ、保安隊パレード

昭和二十八年一月―六月

○参内・拝謁　四回

○来訪　（緒方副総理　三回、岡崎勝男外務大臣　一回、福永健司官房長官と副官房長

官　一回）
○田島からの訪問　四回
○会談　一回
○電話　吉田から田島へ　三回、田島から緒方へ　四回、緒方から田島へ　一回
○どういう形か不明だが連絡・打ち合わせ　田島と緒方　二回
○その他　皇太子の御渡欧お見送り　一回、マーフィー大使御陪食と共に　一回、首相官邸でルーズベルト夫人のために　一回

昭和二十八年七月―十二月
○参内・拝謁　十回
○田島からの訪問　緒方より免官辞令他　三回
○手紙　吉田から田島へ　一回、田島から吉田へ　五回、緒方へ一回
○電話　吉田から田島へ　一回、首相秘書官へ　一回、田島から吉田へ　一回
○どういう形か不明だが連絡・打ち合わせ　緒方と　一回
○その他　皇太子御帰朝お出迎え　一回、首相公邸　二回

すでに述べたように、田島の「日記」は主に日本銀行の小型手帳なので、一日分のスペースは少ししかない。そこへ万年筆で細かく書きつけているので、宮中その他の行事などの出席者の名前が全部出てくるわけではない。ここに出てくる回数以上に、吉田と田島の接触はあったと考えられる。拝謁は一回を一回と数えたが、すでに述べたように、吉田はその前に一度、または前後二回宮内庁長官室などで田島と話している。

ここでは田島と吉田の関係に焦点をあてたので、吉田の伝言を持ってくる場合、または田島から吉田へ伝えてほしいことのある場合は、吉田本人以外の関係者の名前も記したが、他の閣僚との別件での会見は入れていない。また、次長その他が閣僚たちと接触した場合も入れていない。もしそこまで拡大し、「吉田内閣閣僚と宮内庁」とすると、接触の回数はずっと多いものになる。

今回のように田島と吉田及び関係者と限定したとしても、広範囲にわたり緊密な関係をたもっていたことが「日記」から窺える。これは、一つには日本が占領下から講和条約にいたる難しい時期にあったからなのだろう。それとも、総理大臣吉田茂と宮内庁長官田島道治の、それぞれの人間、または両者の関係の特異性から生まれたものなのだろうか。吉田内閣の後は、鳩山一郎内閣、石橋湛山内閣、岸信介内閣、池田勇人内閣、佐藤栄作内閣、田中角栄内閣へと続いていく。これらの内閣と宮内庁の関係はどうだったのだろう?

「嘗てヴァイニングと相談ずる際、小生の告げて曰く、吾々の皇室に対するloyaltyの形はすでに古いかも知れぬが、吾々日本人はこれによってあらゆるloyaltyその者を学んだのであると。……」と、東宮御教育常時参与の小泉信三は記している。(註3)〝吾々〟とは、田島と小泉本人のことであろう。そして二人は、皇室への忠誠において〝同志〟であった。二人の協力も、また、「日記」にはしばしばでてくる。

だが、「日記」から滲み出てくるもう一つの事実は、吉田茂もまた、〝同志〟であったということだ。「皇室に対するloyalty」において、時には小泉の、または田島の、そして田島と小泉両者の……確かに、吉田茂は「尊皇の政治家」であった。(註4)

これらのことを後世に伝えてくれる「田島道治日記」と、それを自由に使用させて下さった田島家御遺族の方々に感謝したい。

〔註〕

註1…吉田茂『吉田茂書翰』(中央公論社　一九九四年)二四三―二四四ページ

註2…秩父宮家『雍仁親王実紀』(吉川弘文館　昭和四十七年)八一〇―八一一ページ。保坂正康『秩父宮と昭和天皇』(文藝春秋　平成元年)四七四―四七五ページ

註3…小泉信三『小泉信三全集』第二十五巻上(文藝春秋　昭和四十七年)四六五ページ

註4…原彬久『吉田茂―尊皇の政治家』(岩波新書　二〇〇五年)

十五

大いなる縁

それぞれの交流

明治十八年(一八八五)七月二日に田島道治は名古屋市伊勢山町で生まれたと冒頭で述べたが、もともと田島家は三河国(愛知県東部)高浜に五百年続く旧家だった。明治維新後の社会的変動が、名古屋への移住を余儀なくさせた。

それが原因なのだろうか。宮内庁病院への最後の入院を間近にした田島は、遺言ともとれるテープの中で、

「私が生まれたのは明治十八年七月二日で、場所は名古屋なんだが、故郷名古屋という気

は終生なかった」

と言い切っている。録音は昭和四十三年（一九六八）十月初旬から中旬にかけてだった。死去は、その年の十二月二日である。

田島の八十三年の生涯を眺めて気付くのは、この〝故郷〟のなさと、母との縁の薄さである。戸籍上は、田島五郎作と芳の三男。五郎作の母、やゑの意思らしく、長女のたづを産んだあと芳は離縁され、

「それから三回くらい嫁がきたが、おばあさまの気にいらない」

と、田島は「遺言テープ」の中で語っている。そこで芳が復縁させられるのだが、田島が八歳のときに死去する。薄幸の母への思慕を田島は抱き続けたと思われる。

故郷と母、この二つについての縁のなさは、逆に、他の多くの縁を彼にもたらした。人との縁に恵まれた豊かさにおいて、田島は実に希有な人間であった。

「明協学寮」の元寮生たちとの交流もそうである。

昭和十二年に最初の学寮を駕籠町に建てたとき、田島は寮生の人数を十八と制限した。

「それ以上の人数では私の考えの外になります。というのは、そうなると家庭の延長という雰囲気が出なくて、デカンショ式となるからであります」

と彼は雑誌『心』で語っている。（註1）ここにも、あの二つへの憧れがのぞく。

大きな温かい〝家庭〟の父として寮生たちを見守り、その後の学寮生たちは各界で活躍することになるのだが、生涯にわたり彼らとの交流は続いた。田島の死後も、元寮生たちは追悼の「明協会」を命日の十二月二日に続けている。

学寮建設を田島にさせたものは、彼自身の二つのものへの意識的または無意識的希求の他に、新渡戸稲造《にとべいなぞう》（一八六二―一九三三、札幌農学校卒。東大中退後、米独留学。札幌農学校教授、第一高等学校校長、東京帝国大学教授を歴任。後に国際連盟事務局次長として国際平和に貢献。）の影響もあると考えられる。

明治三十九年（一九〇六）に第一高等学校を卒業した田島は、東京帝国大学法科大学法律学科に入学。一高校長に就任した新渡戸の講演や「読書会」に出席するようになる（註2）。

新渡戸に傾倒した田島は、どう頼み込んだのかはわからないが、書生として新渡戸家に住み込むことになった。これは、小石川小日向台町の二千坪の土地に約三百坪の邸宅のほうではなく、それ以前に住んでいた小石川の原町にあった家である。その当時の新渡戸について、田島は「原町時代」と題するエッセイを、後に触れる『追憶集』（註5参照）に書いている。どれだけの影響を新渡戸から受けてきたかは、すでに書いてきたので省くが、一つだけ指摘したいのは、新渡戸家の人々と周囲が田島に寄せた信頼についてである。

昭和八年（一九三三）八月二日、新渡戸はバンフで開催される第五回太平洋会議出席のためカナダへ出帆した。会議後、九月八日にはバンクーバーの日本領事館のパーティに出席、十二日にヴィクトリアのホテルで倒れる。すぐに入院。だが、十月十五日に死去した。遺骨が妻のメアリーと姪たちと共に横浜港に着いたのは、十一月十六日のことであった。小日向台町の邸宅の外には、教え子たちが出迎えていた。メアリー夫人は遺骨を田島に渡し、

「田島道治氏に奉持された先生の御遺骨はすぐに西洋間のシッティング・ルームに安置された」

と、門弟の一人、石井満は書いている。（註3）

この「田島道治氏に奉持された」という動作の前には、田島がメアリー夫人から新渡戸の遺骨を受け取ったという事実がある。並みいる門弟たちの中で、メアリー夫人は田島に夫の遺骨を渡したのだった。

新渡戸に関する本などの中には、田島を新渡戸の〝キリスト教人脈〟の一員として扱っていることが多い。しかし彼は師にとっておそらくは最も重要なものの一つであったキリスト教を受け入れず、生涯『論語』の学徒で通した。東京帝大生時代に、友人たちと内村鑑三の「柏会」に参加したことはあるが、「蝮《まむし》の卵をかかえているようなものだ」と内村は言ったという。何人かはキリスト教徒となり、田島たち何人かは離れていった。（註4）師の信仰を受け入れずして、田島はこれだけの信頼を寄せられていたのである。

田島たちは「故新渡戸博士記念事業」委員会を結成し、幾つかの事業を行う。一つは先に触れた『新渡戸博士追憶集』の出版で、編者は前田多門と高木八尺だが、発行者は「故新渡戸博士記念事業実行委員会」右代表田島道治で、発行所は彼の自宅である。(註5)

委員会は、また、新渡戸の銅像を多磨霊園の正面大通りを進んだ左手の小公園に建てた。除幕式は昭和十二年五月十五日に行われ、養女こと(琴子)の娘、新渡戸武子によって除幕がなされた。土地の所有者は東京市なので、田島は関係者たちへ感謝を述べ、

「尚私共御役所への手續等不案内でおりましたる處、之は總て市政調査會の田邊定義氏の御骨折を願ひましたる次第で同氏に対し此機會に感謝の意を表しまする」(註6)

としめくくっている。

この田邊定義との交流もまた生涯続き、田島自身が市政調査会六代目会長となった。田邊の評伝は、甥の佐藤澄夫によって出版されたばかりである。(註7)

新渡戸稲造に関しては、盛岡市の(財)新渡戸基金が活動を続けている。没後七十年を記念して出す本に、「昭和天皇と新渡戸稲造と田島道治を結ぶ縁の糸」という題でエッセイを書いてくれと、内川永一朗(財)新渡戸基金事務局長から二〇〇三年に依頼を受けた私は、困惑した。「昭和天皇と田島道治、新渡戸稲造と田島をそれぞれに結ぶ縁の糸」はわかる。だが、昭和天皇と新渡戸の関係は、考えたこともなかった。

その旨を返事すると、驚くべき資料が送られてきた。

東京女子大学初代学長を務めた新渡戸は、昭和八年（一九三三）六月六日に東京女子大で講演したのだが、そのあとで新渡戸と教え子の松隈俊子が話し合ったことの内容である。（註8）松隈俊子については、新渡戸と田島の関係を調べるために何冊かの本を読んでいた。（註9）しかしそれらには昭和天皇と新渡戸の関係は言及されていなかったと記憶している。

新渡戸の講演会は、彼がバンフの第五回太平洋会議に出席する二カ月前に行われている。講演会が終ってから、学生たちとの懇親会にのこってほしいとたのむ松隈に、新渡戸はそっと打ち明けた。

残念ながら、その時間はない。今回の会議のあとでは、天皇からの秘命を遂行しなければならない。天皇からのお召しで参内した新渡戸に、あなたはアメリカと親しいから、「何とか話し合いで戦争になることをくい止めてほしい。そのために内々に骨を折ってもらいたい」という意味のことを、軍部のやり方に危惧を抱く昭和天皇はおっしゃった。会議が終ったら、アメリカの要人たちと話し合って努力すると、新渡戸は涙ぐんで松隈に語ったそうである。その〝秘命遂行〟が不可能になったのは、会議後には彼の病気と死が続いたからである。

この〝秘命〟について、田島は知らない。昭和八年にこれを聞いた松隈は沈黙を通し、昭和天皇崩御後の平成二年六月一日の講演会で初めて口を開いたからである。この資料のおかげで、私はエッセイを書くことができた。(註10)

それにしても、昭和八年(一九三三)という時点で、すでに「軍部によって戦争に引き込まれては困る」と新渡戸に依頼なさった昭和天皇である。新渡戸の高弟の一人である田島は、この時期に後藤隆之助、蠟山政道たちと「昭和研究会」を作り、軍国主義化に歯止めをかけようとしていた。(註11)そしてこの年に死去した新渡戸の高弟が戦後宮内庁長官となり、戦争阻止のすべての努力も空しく、開戦、敗戦を迎えたあとで、

「……自ラ之レ勉メタレドモ、勢ノ趨ク所能ク支フルナク、先ニ善隣ノ誼ヲ失ヒ延テ事ヲ列強ト構ヘ遂ニ悲痛ナル敗戦ニ終リ、惨苛今日ノ甚シキニ至ル」
「朕ノ不徳ナル、深ク天下ニ愧ヅ」

と、天皇のお気持ちを「謝罪詔勅草稿」に綴るのである。昭和天皇、新渡戸、田島を貫く願いは、この「草稿」に完結したと言うべきか。悲しい結末を迎えたことになる。

田島が生涯で結んだ縁の数は、もう一人の師後藤新平(一八五七—一九二九。官僚・政治家、後に

鉄道院総裁、東京市長）を始め、数え切れない。他の多くの職に就くときも、前職のしがらみをひきずるのではなく、新しい職場を〝故郷〟とした。ソニーの人たちとの縁については、すでに述べた。友人たちも、前田多門、鶴見祐輔、勝沼精蔵、安倍能成、松本重治など多彩だった。

「田島さんは、えらい人だった。（中略）人間として、立派な、えらい人であった（註12）」

と、松本重治は書いている。

田島を生前知らない人々とも、彼は縁を結んだ。その中の一人は、「沼津の文化を語る会」発行の小雑誌『沼声』の編集長、望月良夫医師である。彼は「『田島道治』に寄せて」と題するエッセイを『医家芸術』に連載（註13）。次いで、それを三十三ページの小冊子にまとめた（註14）。

真紅の表紙に黒の題字。「あとがき」には、

「本冊子はすべて手作りの小部数発行で、表紙の『望月良夫』は、宮内庁文書専門員の書家・中島司有（故）の揮毫原寸。氏は昭和天皇の、外国元首への御親書、国内の大切な行事に賜れる御言葉その他を楷書で揮毫した。裏表紙は旧制新潟高等学校の校章」

とある。望月の母校である。

「小部数」とは、三十五部。発行日は「二〇〇三年（平成十五）十二月二日、田島道治三十五回

目の命日」と記されている。何という心くばりであろう。面識もなかった人物にこれだけのことを書かせ、発行させる、これも田島の遺徳の一つなのだろうか。ただ、実に残念なことに、望月医師は二〇〇五年（平成十七年）六月に急逝された。御冥福をお祈りする次第である。

最後に吉田茂と田島道治の関係であるが、田島にとっての吉田は上司であり、しかも〝ワンマン〟と呼ばれていた。敗戦後二人目の首相となると、幣原喜重郎《しではらきじゅうろう》（一八七二―一九五一）が昭和二十年十一月に設置した「大東亜戦争調査会」を、翌年九月にはあっさり意見を変えた吉田首相が廃止したこともある。（註15）

しかし、宮内庁長官としての田島は、昭和天皇のお側に在って、総理大臣である吉田茂に、直言すべきことは直言した事実が、昭和二十六年八月二十四日付の小泉信三からの手紙に記されている。小泉を高く評価していた田島は、何度断られても足を運び、ねばり強い説得の末に、小泉を皇太子の御教育常時参与に据えたのだった。

「昨日は長時間御邪魔致しました。

その節承った、貴兄が吉田首相の注意を促し、吉田氏がそれを容れて己れの非を認めた話は快く承りました。また皇室の御尊厳御安泰の為め有り難く思ひました。
直属長官たる総理大臣の過ちを指摘するといふやうな事は話にはよくあるが、事実に於ては容易に行はれ難いことで、さればこそ吉田氏が不知不識過ちを犯すことにもなる次第と思ひます。昔語りにあるやうな忠節の物語りは今の世にもあり得ることを知り、たゞこれを人に語つて感動を分ち合ふことの出来ないことのみを憾みとしました。(註16)」

吉田のほうの反応については、友人の安倍能成が書いている。

「吉田首相はワンマンといはれて、当時殊に大臣にでもなりたい男の鞠躬《きっきゅう》ぶりは、陋態《ろうたい》を極めたものであつたが、田島は随分吉田さんと衝突することを憚らず、吉田さんの方も田島君には度々叱られましたよ、と苦笑したものである。(註17)」(ルビは編集部)

吉田の苦笑いぶりが眼に浮かぶようである。実は、田島と吉田とは別な縁でもつながっていた。田島の次男恭二の妻千代子はチッソ元社長白石宗城の娘だが、宗城の母、つまり千代子にとっての祖母である菊は、政治家で実業家、竹内綱の娘だった。弟の竹内茂は吉田健三家へ養子に入り、吉田茂となった。千代子にとっての吉田茂とは、祖母の弟ということになる。

宗城夫妻は伯父である吉田の大磯の家へ度々招かれていたし、娘の千代子と夫の恭二、千代子の姉の三人が訪れたこともある。この縁故関係を、吉田と田島がどの程度に意識していたのかはわからない。

ただ、二人はより大きな強い縁で結ばれていた。片や総理大臣、こなた宮内庁長官としての吉田茂と田島道治は、たとえ時には衝突することがあったとしても、根本的には一つの大きな目的のための同志であった。敗戦にうちひしがれた祖国再建、そして皇室への忠誠の念においてであった。

「田島日記」は、二人の種々な形での接触を丹念に記録しているが、(よくもこれだけの回数を)と驚かされるその密接な交流は、すべて二人の共通の目的を礎《いしずえ》としたものではなかったのだろうか。

〔註〕
註1…田島道治「学生寮」(『心』第十巻七号　一九五七年)七二—七六ページ
註2…古野伊之助編『岩永裕吉君』(岩永裕吉傳記編纂委員會　昭和十六年)三ページ
註3…石井満『新渡戸稲造傳』(關谷書店　昭和十年)六〇三ページ

註4…無教会史研究会編著『無教会史Ⅰ』(新教出版社　一九九一年)三一―三二ページ。佐藤全弘『新渡戸稲造――生涯と思想』(キリスト教図書出版社　一九八四年二刷)一〇三ページ。花井等『国際人新渡戸稲造――武士道とキリスト教』(広池学園出版部　平成六年)二二五ページ。杉森久英『新渡戸稲造』(読売新聞社　一九九一年)一九四―一九五ページ

註5…前田多門・高木八尺編『新渡戸博士追憶集』(故新渡戸博士記念事業実行委員会・右代表田島道治　昭和十一年)非売品。なお田島の「原町時代」はこの本の一九三―一九五ページ

註6…故新渡戸博士記念事業委員会「故新渡戸博士記念事業報告書」(昭和十二年)一二ページ

註7…佐藤澄夫『評伝　田邊定義』(時事通信社　二〇〇五年)

註8…松隈俊子「記念講演　昭和天皇と新渡戸稲造先生を語る」(『盛岡新渡戸会報』第十八号　一九九〇年)

註9…松隈俊子「良き地に落ちし種」(東京女子大学新渡戸稲造研究会『新渡戸稲造研究』春秋社　一九六九年)。同『新渡戸稲造』(みすず書房　一九六九年初版、一九八五年新装版第四刷)

註10…加藤恭子「昭和天皇と新渡戸稲造・田島道治を結ぶ縁の糸」(財団法人新渡戸基金『新渡戸稲造研究』(第十二号　二〇〇三年)一四五―一四八ページ

註11…昭和同人会編著『昭和研究会』(経済往来社　昭和四十三年)三七ページ。酒井三郎『昭和研究会――ある知識人集団の軌跡』(TBSブリタニカ　一九七九年)

註12…松本重治「田島さんを偲ぶ」(『心』昭和四十四年　二月号)八五ページ

註13…望月良夫「『田島道治』に寄せて」(『医家芸術』四六巻十二月号　二〇〇二年(平成十四年)十二月。四七巻一月号　二〇〇三年(平成十五年)一月。四七巻二・三月号　二〇〇三年(平成十五年)二・三月。四七巻四月号　二〇〇三年(平成十五年)四月。四七巻五月号　二〇〇三年(平成十五年)五月。四七巻六月号　二〇〇三年(平成十五年)六月)

註14…望月良夫『「田島道治」に寄せて』(二〇〇三年(平成十五年)十二月二日)(非売品)

註15…保阪正康「なぜ『大東亜戦争調査会』は廃止されたのか」(『歴史街道』二〇〇五年十一月号)六八―七三ページ

註16…小泉信三『小泉信三全集』第二十五巻上(文藝春秋　昭和四十七年)四六五ページ

註17…安倍能成『戦後の自叙傳』(新潮社　昭和三十四年)二三八ページ

おわりに

平成十年春、「明協学寮」の元寮生、内薗耕二先生が、

「何度も申しましたように、田島先生の伝記を是非書いて下さい」

とわが家を訪ねていらしたあの日が、田島道治先生とのお付き合いの始まりであった。

五月には、元寮生たちに呼びかける伝記出版の「趣意書」が作られた。編集委員会の会長は大島正光先生。委員に内薗耕二、田島恭二、西村秀夫、井上昌次郎、田島圭介諸先生。編集会議が何回か大島先生の当時溜池山王にあった健康科学研究所で行われた。宇宙医学のパイオニアとして、広い分野での活動を〃片腕〃として支えてこられた青木芽里子さんがおいしいお菓子を出して下さり、全員それぞれの田島先生についての思い出話に耳を傾ける和やかな集いであった。


三代にわたる元寮生たちが出版した『記念文集・明協』(明協学寮　昭和三十九年)には、寮生たちがとった写真が何枚か収められている。昭和十四年二月撮影の「駕籠町明協学寮」一同の記念写真には、中央に和服姿の田島先生御夫妻、背後に詰め襟の制服姿の学生たちが緊張した面持で二列に並んでいる。

それから五十九年の歳月が流れ、その〝学生たち〟の何人かが、健康科学研究所の会議室で、私の周囲にすわっておられるのだ。その写真と現在の方たちを見比べ、私は思わず感嘆した。

「立派なお顔になられましたね。男の方たちって、羨ましいですね」

と呟くと、西村先生がすぐに大きな声で反論なさった。

「そんなことはありません。地方へ行ってごらんなさい。見事な顔したおばあさんたちがいますよ」

「でもそれは、〝人間として〟でございますよね。〝女性として〟も魅力的かどうかを問うなら、女性の場合にはどうしても若さが入ってこなければ、と思います。その点男性は……」

と言いかけると、大島先生が急に勢いづいて、

「それ、それっ、本の中に必ず書いておいて下さい！」

とおっしゃった。

だがそのお約束を果してこなかった私は、いま改めてここにそれを記すことにする。

頭脳明晰で真面目、しかし線の細い学生たちは、半世紀以上の風雪に耐え、人間としてもずしりと重く、男性としても魅力的になっている。

あの昭和十四年撮影の学生たちは、その後様々な試練に直面することとなる。二年後には真珠湾攻撃により戦争の渦中に、あるいは軍人として、または民間人として巻き込まれる。戦場で、外地で、シベリア抑留生活で、苦闘の日々を経験。敗戦後はそれぞれの分野で業績を上げた方たちである。

人生と仕事における長い経路の中で培ってこられた積み重ね、それが元寮生たちの顔を育て上げたのであろう。

だが、それだけではない。「明協学寮」への思い、そしてその中心に鎮座なさる田島先生への敬愛の念が、彼らを支えてきたに違いない。早朝の『論語』講義や日常での教えを通して、「人間かくあるべき」という規範を学び、外の世界へも眼を開いていったのであろう。

田島先生の没後にも御命日に開かれている「明協会」には、女性の出席者もいる。「明協会」会長の井上昌次郎先生は榮子夫人と世話人を務めて下さるし、塩崎潤、小林日出夫、山田作衛の諸氏も夫人同伴である。また、平成五年に死去された横山浩雄氏の武子未亡人は、昭和二十年四月十三日の田島邸と学寮の焼失時に食料の差し入れをした話などを語って下さる。この会に、私もいつの間にか出席させて頂くようになった。

八年間、「田島道治の世界」と緊密なお付き合いをさせて頂いてきた。それもすべて、「明協会」の方々のおかげである。

結果としては、他の多くの方々の御協力も得て、二冊の本と幾つかの雑誌記事を仕上げることができた。田島先生関係のテーマについては、これからもエッセイなどを書く機会はあると思う。ただ、一冊の書物として単独の著者名で出版するのはこれが最後と考えるので、今までにお世話さまになってきた編集者の方々のお名前を年代順に記し感謝の念をお伝えしたいと願う。

「感想」(『ぶっくれっと』二〇〇二年三月　一四―一七ページ)の塩野谷幹雄氏。「私財を投じた人づくり、心育て―田島道治の涼やかなる生涯」(『歴史街道』二〇〇二年八月号　六九―七三ページ)の後藤恵子氏。『田島道治―昭和に「奉公」した生涯』(TBSブリタニカ　現阪急コミュニケーションズ　二〇〇二年)の堀井春比古氏と福澤晴夫氏。「田島先生の伝記を終えて」(『文藝春秋』二〇〇二年十一月号　八六―八七ページ)の飯窪成幸氏。「人育て」(『電通報』二〇〇二年十一月十一日　八ページ)の上原隆志氏。「田島道治―人育ての一生」(『文藝春秋』十二月臨時増刊号「日本人の肖像」二〇〇二年　六六―六七ページ)の飯沼康司氏。「宮内庁初代長官が書き遺した昭和天皇の〝真意〟」(『中央公論』二〇〇三年六月号　二二四―二三三ページ)の藤平歩氏。「封印された詔書草稿を読み解く」(『文藝春秋』二〇〇三年七月号　九五―一一三ページ)の飯窪成幸、前島篤志、寺田英視氏。『昭和天皇「謝罪詔勅草稿」の発見』（『文藝春秋』二〇〇三年）の松井清人氏と照井康夫氏。「昭和天皇と新渡戸稲造、田島道治を結ぶ縁の糸」（『新渡戸稲造研究』二〇〇三年十二号　一四五―一四八ページ）の内川永一朗氏。「『田島書簡』と『謝罪詔勅草稿』について」（『本の話』二〇〇四年一月号　五〇―五一ページ）の照井康夫氏と白川浩司氏、「田島日記が明かす『秩父様事件』」（『文藝春秋』二〇〇五年五月号　三七〇―三七五ページ）の飯窪成幸氏と前島篤志氏。「葉山事件」（『文藝春秋』二〇〇五年十一月号　八二―八三ページ）の飯窪成幸氏。皆様、有難うございました。

この中には文藝春秋の編集者が多いのだが、そのことにつき御礼を申し上げなければならない方がもう一人おられる。同社に知り合いは何人かいたが、仕事としての関係はなかった。昭和六十二年に『メガホンの講義―文化人類学者・我妻洋の闘い』を出して頂いたことはあるが、担当して下さった竹内修司氏はすでに引退しておられた。

それが『田島道治』出版後すぐ、文藝春秋の寺田英視氏から電話がかかってきた。寺田氏は上智の卒業生で、故ヨゼフ・ロゲンドルフ先生が高く評価していらした学生だった。「評判の本をお出しになっておめでとうございます」と寺田氏。「評判になんかなっていませんよ」と答えると、「今週の『週刊新潮』をお読み下さい」とのこと。

何のことかわからずに『週刊新潮』を購入してみると、「福田和也の闘う時評⑯　田島道治の硬質・高潔」と題した拙著の紹介が掲載されていた。それだけでなく、福田和也先生はまた、文藝春秋の編集者たちに拙著を賞めて下さったとのことで、それが同社の若手編集者たちと私が仕事の上で知り合うきっかけとなったのだった。

「明協学寮」は、もとより女人禁制であった。ところが何かにつけて空想癖のある私は、御命日の明協会に出席するだけでは満足せず、いつの間にか学寮生の一人になったような気分でいる。夢の中で田島先生の『論語』のお講義を聞いて足がしびれたり、流しにジャアジャア水を流しながら皿を洗っていると、不意に田島先生の声が聞えてきたような気がして、あわてて水道を止めたりする。

「電気も水も、もし霊あらば、人間様の正当なお役に立って有難い。以て瞑すべしというような使い方をせよ」

という寮での教えがあった。

この八年間に、どれだけ田島先生の夢を見たかわからない。昭和天皇の御姿まで拝した。そして、(今度は吉田茂だ)と警戒しながら仕事を続けていたのだが、どういうものか彼の夢は一度も見なかった。

しかし覚醒時のはっきりとした意識の中でも、吉田茂の皇室に対する懸命さは伝わってきた。「田島家資料」の中からも、その姿は明確に浮かび上がってくる。例え「首相トンチンカン」などと書こうとも、長官が首相に対して抱いていた根本的な信頼感も、である。

敗戦後の困難な時代にあって、政治の表舞台で吉田首相が直面し対処しなければならなかった諸問題については、その時代を生きた私も毎日の新聞で読んで知っていた。だがその背後で、これだけの配慮を宮内庁に対して示していた事実は、「田島家資料」を読み出して初めて知った。

意見不一致や衝突する場面も出てはくるが、それらは二人の緊密な協力関係の証左でもあったのだろう。

協力関係と言えば、宮内庁の〝表〟の長は長官、そして宮中〝奥〟の長は侍従長であった。田島長官と三谷隆信侍従長との協力関係は、もともと田島が就任を懇望したこともあり、非常によく機能した。

定年退職後も上智で自主講座を続けている私のクラスには、ここ何年か田島先生と関係の深い受講生が二人在籍している。一人は、その三谷侍従長の姪で、田島先生の友人、川西実三元東京府知事の長女、川西薫さんである。両親の結婚の媒酌は、これも田島先生の親友の前田多門夫妻だった。新渡戸稲造を〝魂の父〟と敬慕した実三氏は、手書きの日記を残している。それらもまた、史料としての価値があるのではないだろうか。

もう一人は、入江相政元侍従長の孫にあたる蜂須賀久子さん。『入江相政日記』には田島長官批判が時折出てくるのだが、長官退官後の入江侍従長は、その業績を評価し、尊敬するようになったとのことである。ここでも田島先生は、結局はよき協力関係に支えられていらしたことになる。

過去八年間に御支援を頂いた方たちは多数おられるが、今回は本書のみに限りお世話さまになった方々のお名前を記したい。

この小著を完成させ得たのは今回も田島恭二様のおかげである。千代子夫人とお二方に心より御礼を申し上げる。「明協会」会長の井上昌次郎先生、「ベネット会」会長の永野俊雄先生、また敬称略でお名前を出させて頂く方々にも感謝を捧げたい。秋元ゆき子、飯窪成幸、笠原仁子、阪口昭、佐々木祥子、沢西良子、田中唯子、田中文江、谷口真弓、林泰子、藤井宏昭、藤井清子、藤原房子、ドロシー・ブリトン(Lady Bouchier)、前島篤志、陸奥祥子、横山順子、吉村敬子、和田敦子の諸氏に対して。

そして故人となられた方々へは、本書のみではなく、八年分の御礼を申し上げたい。田島先生の長年の友人だった市政調査会の田邊定義氏、元寮生の楢林博太郎氏と山本茂氏、そして西村秀夫先生。『沼声』の望月良夫編集長、「昭和研究会」設立者後藤隆之助の相談相手だった永野護元運輸大臣の三男永野正氏。正氏は、父上の『敗戦真相記』(時局月報社　昭和二十年十二月)も送って下さった。「よい伝記を仕上げて」と言ってくれていた義兄斎藤英四郎と弟藤井百太郎。『田島道治』の完成後、「本当はこの本を読んでから死にたかったのだけれど」と最後の電話をくれたいとこの水澤文彦。哀惜と感謝は尽きない。

本書は人文書館の道川文夫氏により世に送り出されようとしている。道川氏は日本放送出版協会(NHK出版)の編集局長でいらした頃、田中美穂氏とともに私の『ニューイングランド物語』、『英語を学ぶなら、こんなふうに』、『老後を自立して』などの本を出して下さりお世話さまになった。NHK出版退職後に新しい出版社を設立なさり、『近代日本の歩んだ道——「大国主義」から「小国主義」へ』、『木が人になり、人が木になる。』、『ピサロ/砂の記憶』など、とびきり硬派の書物を出版しておられる。その仲間入りをさせて頂けるのは、私としてもうれしく、有難い。

そして最後にもう一度、(こんなとき、あの方ならどうなさるのだろう、おっしゃるのだろう)とつい考える〝師〟を私にもお与え下さった「明協会」の方々との縁に深謝したい。

平成十八年春

加藤 恭子

参考文献

〔発行年の表記は当該書籍の奥付に従った。〕

芦田均著　進藤栄一編纂者代表『芦田均日記』第一巻（岩波書店　一九八六年）
同『芦田均日記』第三巻（岩波書店　一九八六年）
安倍能成『戦後の自叙傳』（新潮社　昭和三十四年）
五百旗頭真『占領期―首相たちの新日本』（読売新聞社　一九九七年）
石井満『新渡戸稲造傳』（關谷書店　昭和十年）
入江為年監修『入江相政日記』第一巻（朝日新聞社　一九九〇年）
入江為年監修『入江相政日記』第三巻（朝日新聞社　一九九〇年）
岡本嗣郎『陛下をお救いなさいまし――河井道とボナー・フェラーズ』（オーム社刊　集英社発売　二〇〇二年）
加藤仁「『人間』昭和天皇大いなる旅―ご巡幸60年目の真実」（『文藝春秋』　二〇〇六年二月号）二九八―三一三ページ
川西実三『感銘録』（社会保険新報社　昭和四十九年）
加藤恭子『田島道治――昭和に「奉公」した生涯』（TBSブリタニカ（現阪急コミュニケーションズ）　二〇〇二年）
同「宮内庁初代長官が書き遺した昭和天皇の〝真意〟」（『中央公論』　二〇〇三年六月号）一一四―一三三ページ
同「昭和天皇　国民への謝罪詔書草稿――封印された詔書草稿を読み解く」（『文藝春秋』　二〇〇三年七月号）九四―一一三ページ
加藤恭子・高橋紘・秦郁彦・吉田裕「『昭和天皇　国民への謝罪詔書草稿』四つの謎」（『文藝春秋』　二〇〇三年八月号）一六六―一八〇ページ。篠沢秀夫・福田和也・徳岡孝夫他「『詔書草稿』をこう読んだ」（同）一八二―一九五ページ
加藤恭子『昭和天皇「謝罪詔勅草稿」の発見』（文藝春秋　二〇〇三年）
同「昭和天皇と新渡戸稲造・田島道治を結ぶ縁の糸」（財団法人新渡戸基金『新渡戸稲造研究』第十二号　二〇〇三年）一四五―一四八ページ
同「田島日記が明かす『秩父様事件』」（『文藝春秋』　二〇〇五年五月号）三七〇―三七五ページ
同「葉山事件」（『文藝春秋』　二〇〇五年十一月号）八二―八三ページ
マーク・カプリオ　杉田米行編著『アメリカの対日占領政策とその影響』（明石書店　二〇〇四年）

甘露寺受長『天皇さま』(講談社　昭和五十年)
木下道雄『側近日誌』(文藝春秋　一九九〇年)
小泉信三『小泉信三全集』第二十五巻上(文藝春秋　昭和四十七年)
高坂正堯『宰相　吉田茂』(中央公論社　昭和四十三年)
故新渡戸博士記念事業委員会「故新渡戸博士記念事業報告書」(昭和十二年)
財団法人幼児開発協会編『井深大・盛田昭夫　日本人への遺産』(KKロングセラーズ　二〇〇〇年)
酒井三郎『昭和研究会――ある知識人集団の軌跡』(TBSブリタニカ(現阪急コミュニケーションズ)　一九七九年)
佐藤澄夫『評伝　田邊定義』(時事通信社　二〇〇五年)
佐藤全弘『新渡戸稲造――生涯と思想』(キリスト教図書出版社　一九八四年二刷)
ウィリアム・シーボルト著・野末賢三訳『日本占領外交の回想』(朝日新聞社　昭和四十一年)
下重暁子「素敵に加齢するために」(『週刊新潮』　二〇〇五年八月十一日・十八日号)一二六―一二八ページ
下田武三『戦後日本外交の証言――日本はこうして再生した』上(行政問題研究所出版局　昭和五十九年)
昭和同人会編著『昭和研究会』(経済往来社　昭和四十三年)
杉森久英『新渡戸稲造』(読売新聞社　一九九一年)
鈴木昌鑑監修　芦沢紀之編纂『秩父宮雍仁親王』(秩父宮を偲ぶ会　一九七〇年)
鈴木裕子『「慰安婦」問題と戦後責任――女性史を拓く4――』(未来社　一九九六年)
袖井林二郎編訳『吉田茂＝マッカーサー往復書簡集』(法政大学出版局　二〇〇〇年)
高橋紘＋鈴木邦彦『天皇家の密使たち』(現代史出版会刊　徳間書店発売　一九八一年)
高松宮妃喜久子・談「思い出の秩父宮さま」(『中央公論』　一九九六年十一月号)五二―六四ページ。秩父宮雍仁親王未発表原稿「陸軍の崩壊」(昭和二十四年七月)(同)六五―六九ページ。同「占領政策の批判」(昭和二十四年七月)(同)七〇―七三ページ
竹前栄治『GHQ』(岩波書店　一九八三年一刷、八九年九刷)
同『GHQの人びと――経歴と政策』(明石書店　二〇〇二年)
同『占領戦後史』(岩波現代文庫　二〇〇二年)
同監修『GHQ指令総集成』十五巻(エムティ出版　一九九三年)

同『GHQへの日本政府対応文書総集成』二十五巻(エムティ出版　一九九四—一九九六年)
田島道治「原町時代」前田多門・高木八尺編『新渡戸博士追憶集』(故新渡戸博士記念事業実行委員会・右代表田島道治　昭和十一年)非売品。一九三—一九五ページ
同「学生寮」(『心』第十巻七号　一九五七年)七二—七六ページ
立花隆『天皇と東大—大日本帝国の生と死』上下(文藝春秋　二〇〇五年)
徳川義寛　岩井克己『侍従長の遺言——昭和天皇の50年』(朝日新聞社　一九九七年)
秩父宮家『雍仁親王実紀』(吉川弘文館　一九七二年)
秩父宮雍仁親王『英米生活の思い出』(文明社出版部　昭和二十二年)
同『御殿場清話』(柳沢健インタヴュー　世界の日本社　昭和二十三年)
秩父宮妃勢津子『銀のボンボニエール——親王の妃として』(講談社　一九九四年)
寺崎英成・マリコ・テラサキ・ミラー編著『昭和天皇独白録　寺崎英成・御用掛日記』(文藝春秋　一九九一年)
藤樫準二『天皇とともに五十年——宮内記者の目』(毎日新聞社　一九八七年二刷)
徳本栄一郎「『英国機密文書』発見——昭和天皇『占領二四〇〇日』の戦い」(『文藝春秋』二〇〇五年十月号)三〇〇—三一三ページ
中曽根康弘『自省録——歴史法廷の被告として——』(新潮社　二〇〇四年)
西清子『占領下の日本婦人政策——その歴史と証言』(ドメス出版　一九八五年)
Sir Cecil 'Boy' Bouchier, edited by Dorothy Britton(Lady Bouchier): *Spitfires in Japan* (Global Oriental, 2005)
橋本明「封印された天皇の『お詫び』」(『新潮45』　一九八七年一月号)五二—六五ページ
秦郁彦『裕仁天皇五つの決断』(講談社　昭和五十九年)
同『昭和史の謎を追う』(下)(文藝春秋　一九九三年)
同『昭和天皇五つの決断』(文春文庫　一九九四年)
服部一馬・斉藤秀夫『占領の傷跡——第二次大戦と横浜』(有隣新書　昭和五十八年)
花井等『国際人新渡戸稲造——武士道とキリスト教』(広池学園出版部　平成六年)
リチャード・B・フィン著・内田健三監修『マッカーサーと吉田茂』下(同文書院インターナショナル　一九九三年)
古野伊之助編『岩永裕吉君』(岩永裕吉傳記編纂委員會　昭和十六年)

原彬久『吉田茂―尊皇の政治家』（岩波新書　二〇〇五年）
辺見じゅん「終らぬ昭和の『つとめ』」（『文藝春秋』　二〇〇三年八月号）一九〇ページ
保阪正康『秩父宮と昭和天皇』（文藝春秋　平成元年）
同「なぜ『大東亜戦争調査会』は廃止されたのか」（『歴史街道』　二〇〇五年十一月号）六八―七三ページ
同『昭和天皇』（中央公論新社　二〇〇五年）
防衛庁防衛研究所戦史部監修『昭和天皇発言記録集成』全二巻（芙蓉書房　二〇〇三年）
前田多門・高木八尺編『新渡戸博士追憶集』（故新渡戸博士記念事業実行委員会・右代表田島道治　昭和十一年）非売品。
ダグラス・マッカーサー著・津島一夫訳『マッカーサー回想記』（朝日新聞社　昭和三十九年）
松隈俊子「良き地に落ちし種」（東京女子大学新渡戸稲造研究会『新渡戸稲造研究』春秋社　一九六九年）
同『新渡戸稲造』（みすず書房　一九六九年初版、一九八五年新装版第四刷）
同「記念講演　昭和天皇と新渡戸稲造先生を語る」（『盛岡新渡戸会報』第十八号　一九九〇年）
松本重治「田島さんを偲ぶ」（『心』昭和四十四年　二月号）八五―八六ページ
三谷隆信『回顧録　侍従長の昭和史』（中公文庫　一九九九年）
無教会史研究会編著『無教会史I』（新教出版社　一九九一年）
Ian Mutsu "The Mutsu Family" *Britain & Japan : Biographical Portraits* Vol.II ed. by Ian Nish(Japan Library, 1997)pp. 151-165.
明協学寮寮生一同編『記念文集・明協』（光洋社　昭和三十九年五月三十一日）
望月良夫「『田島道治』に寄せて」（『医家芸術』四六巻十二月号　二〇〇二年（平成十四年）十二月。四七巻一月号　二〇〇三年（平成十五年）一月。四七巻二・三月号　二〇〇三年（平成十五年）二・三月。四七巻四月号　二〇〇三年（平成十五年）四月。四七巻五月号　二〇〇三年（平成十五年）五月。四七巻六月号　二〇〇三年（平成十五年）六月）
同『「田島道治」に寄せて』（発行日二〇〇三年（平成十五年）十二月二日）（非売品）
山田盟子『占領軍慰安婦――国策売春の女たちの悲劇』（光人社　一九九二年）
山本七平・保阪正康他『昭和天皇　全記録』（講談社　一九八九年）
吉田茂記念事業財団編『吉田茂書翰』（中央公論社　一九九四年）
ケネス・ルオフ著・高橋紘監修『国民の天皇――戦後日本の民主主義と天皇制』（共同通信社　二〇〇三年）

田島道治［略年譜］

西暦	年	月日	事項
一八八五	明治一八年	七月二日	名古屋市中区伊勢山町に生まれる。父は五郎作、母は芳、二人の三男。
一九〇〇	明治三三年		愛知県立第一中学校三年生のときに、東京の府立一中に転校。
一九〇三 一九〇六	明治三六年より 明治三九年まで		第一高等学校。
一九一〇	明治四三年	七月	東京帝國大学法科大学法律学科卒業。
一九一〇	明治四三年	秋	岐阜の野々村久次郎の三女美志と結婚。
一九一一	明治四四年	一一月二五日	長男譲治誕生。
一九一一	明治四四年	一二月より	愛知銀行行員（調査部長）
一九一六	大正五年	一二月まで	
一九一六	大正五年	一二月より	鉄道院参事兼総裁秘書（鉄道院総裁は後藤新平）（鉄道院総裁官房　文書課―人事課長）
一九一八	大正七年	一〇月まで	
一九一七	大正六年	四月一三日	次男恭二誕生。
一九一九	大正八年		外遊（後藤新平、新渡戸稲造、鶴見祐輔、岩永裕吉などと共に）

西暦	年	月日	事項
一九二〇	大正九年	一月より	愛知銀行常務取締役
一九二七	昭和二年	九月まで	
一九二三	大正一二年	二月	名古屋地方裁判所検事局弁護士名簿登録
一九二六	大正一五年	一一月	大正一五、一六年度商事調停委員選任
一九二七	昭和二年	一〇月より	昭和銀行常務取締役—頭取
一九三八	昭和一三年	九月まで	
一九三七	昭和一二年	一月	「明協学寮—駕籠町寮」を開設
一九三八	昭和一三年	九月より	日本産金振興会社社長(商工省大蔵省任命)
一九四〇	昭和一五年	六月まで	
一九四二	昭和一七年	五月より	全国金融税制会理事
一九四五	昭和二〇年	五月まで	
一九四五	昭和二〇年	四月一三日	自宅と明協学寮が米軍空襲により焼失
一九四五	昭和二〇年	六月より	日本銀行参与(大蔵省)
一九五四	昭和二九年	九月まで	
一九四五	昭和二〇年	九月	戦後対策審議会臨時委員(廃止)
一九四六	昭和二一年	三月より	大日本育英会会長、理事長事務取扱(文部省)
一九四八	昭和二三年	六月まで	
一九四六	昭和二一年	七月	貴族院令第一条第四号貴族院議員勅選
一九四六	昭和二一年	八月より	教育刷新委員会委員(文部省)
一九四九	昭和二四年	一一月まで	
一九四八	**昭和二三年**	**六月より**	**宮内府長官(昭和二十四年六月一日より宮内府は宮内庁となり、田島は宮内庁初代長官となる)**
一九五三	昭和二八年	一二月まで	

一九四七	昭和二二年	一月より	中央教職員連絡審査委員会委員（互選委員長）
一九四八	昭和二三年	五月まで	
一九四七	昭和二二年	一月より	日本赤十字社監事
一九五〇	昭和二五年	六月まで	
一九四七	昭和二二年	七月	行政調査部顧問（廃止）
一九四七	昭和二二年	三月より	大学設置委員会委員
一九四七	昭和二二年	七月まで	
一九四九	**昭和二四年**	**（五月一七日—六月一二日）御巡幸**	**九州地方（佐世保、雲仙、八代、川内、鹿屋、安原、宮崎、大分、別府、下関、広島など）**
一九五〇	**昭和二五年**	**（三月一二日—四月一日）御巡幸**	**四国地方（高松、観音寺、室戸岬、徳島、池田、神戸、京都など）**
一九五一	昭和二六年	五月より	皇太后大喪儀委員長（内閣）
一九五二	昭和二七年	五月まで	
一九五一	**昭和二六年**	**（一一月一一日—二五日）御巡幸**	**関西方面（京都、橋立、奈良、三重県など）**
一九五二	**昭和二七年**	**六月二日—五日**	**伊勢神宮へ行幸のお供**
一九五三	昭和二八年	一二月より	東京通信工業会社（ソニー）監査役
一九五九	昭和三四年	六月まで	
一九五七	昭和三二年	九月より	「明協学寮—麻布寮」を開設

西暦	年	月日	事項
一九五九	昭和三四年	三月まで	日本銀行監事（大蔵省）
一九五四	昭和二九年	九月より	
一九六〇	昭和三五年	九月まで	
一九五六	昭和三一年	二月より	日本赤十字社監事
一九五九	昭和三四年	二月まで	
一九五九	昭和三四年	六月より	ソニー株式会社取締役会長
一九六六	昭和四一年	六月まで	
一九六六	昭和四一年	六月	―相談役（死去まで）
一九六一	昭和三六年	一〇月より	「明協学寮―高輪寮」を開設
一九六八	昭和四三年	三月まで	
一九六三	昭和三八年	一〇月より	市政調査会会長
一九六七	昭和四二年	八月まで	
一九六八	昭和四三年	一二月二日	宮内庁病院にて死去　享年八十三歳

他

日本育英会評議員

財団法人　東京市政調査会理事

学校法人　学習院理事

学校法人　日本女子大学理事

学校法人　津田塾大学監事

その他

＊　東京帝大生時代（明治三九年九月―四三年七月）のいつの時期か不明だが、新渡戸稲造の原町の家に書生として住み込む。（小日向台町に大邸宅を建てる以前に、新渡戸は原町に住んでいた。）

＊　後藤隆之助が蠟山政道と共に昭和八年一〇月に作った「昭和研究会」の常任委員を務める。会は昭和一五年一一月に解散。

＊　田島の長男譲治は昭和一五年一月二六日、松岡洋右の長女周子《かねこ》と結婚。昭和六一年八月二九日に長男圭介誕生。周子は昭和六一年八月三〇日、軽井沢で脳梗塞のために倒れ、六九歳で死去。譲治は平成一五年一月二五日に九一歳で急逝。

＊　次男恭二は満州鉄道の調査部に勤務中に敗戦をむかえ、五年間シベリアに抑留され、昭和二五年一月二九日に帰国。昭和二七年五月二七日に白石宗城チッソ社長の次女白石千代子と結婚。翌年、長男哲夫誕生。

＊　妻美志は、昭和五二年七月一一日死去。享年八四歳。

吉田茂とその時代［関連略年譜］

西暦	年	月日	事項
一八七八	明治一一年	九月二二日	高知の自由党志士竹内綱の五男として生まれる。母は滝子。
一九〇六	明治三九年	七月	東京帝国大学法科大学政治科卒業。
		九月	外交官および領事官試験合格。
		一一月一五日	領事官補に任ぜられる。天津在勤となる。
一九〇九	明治四二年	六月	牧野伸顕の長女雪子と結婚。
一九二五	大正一四年	一〇月一九日	奉天総領事となる。
一九二八	昭和三年	七月二四日	外務次官となる。
一九三〇	昭和五年	一二月六日	駐イタリー大使となる。
一九三二	昭和七年	一一月一九日	待命。その間、昭和九年一〇月から一〇年二月まで、欧米各国を外相特使として視察。
一九三六	昭和一一年	四月一〇日	駐イギリス大使となる。
一九三九	昭和一四年	三月二〇日	外交官生活を終わる。
一九四五	昭和二〇年	八月一四日	ポツダム宣言受諾。
		八月一五日	天皇、戦争終結の詔書を放送。鈴木貫太郎内閣総辞職。
		八月一七日	東久邇宮稔彦内閣成立。
		八月二八日	連合国軍最高司令官ダグラス・マッカーサー元帥、厚木に到着。

西暦	年	月日	事項
		九月二日	米軍艦「ミズーリ号」上で、降伏文書に調印(全権重光葵)。
		九月一七日	外務大臣となる。
		一〇月九日	幣原喜重郎内閣成立。外務大臣に再任。同年一二月、貴族院勅選議員となる。
一九四六	昭和二一年	四月一〇日	総選挙。鳩山一郎を総裁とする日本自由党が第一党となったが、鳩山一郎は追放となる。
		五月三日	極東国際軍事裁判開廷。
		五月一五日	鳩山一郎の依頼をうけ、自由党総裁就任を受諾。
		五月二二日	第一次吉田茂内閣成立。
		六月一八日	極東国際軍事裁判首席検事キーナン、ワシントンで「天皇は、戦争犯罪人として裁判しない」と言明。
		一一月三日	日本国憲法公布。
一九四七	昭和二二年	一月三一日	マッカーサー元帥、二・一「ゼネスト」に中止を命令。
		五月三日	日本国憲法施行。
		五月八日	第一党となった社会党の片山委員長と会談。
		五月二四日	片山哲内閣成立。
一九四八	昭和二三年	二月一〇日	片山内閣総辞職。
		三月一〇日	芦田均内閣成立。
		一〇月七日	芦田内閣、昭和電工疑獄事件のため総辞職。
		一〇月一五日	第二次吉田内閣成立。
		一一月一二日	極東国際軍事裁判の判決下る。
一九四九	昭和二四年	一月二三日	総選挙。民主自由党は二六四名と過半数を獲得。政局安定に

			向かう。
		三月七日	総司令部顧問ドッジ公使、日本経済安定九原則「ドッジ・ライン」を声明。
		五月一七日	天皇全国巡幸。東京駅ご出発の際見送り。
		八月一七日	松川事件。この頃、平事件(六・三〇)、下山事件(七・一二)、三鷹事件(七・一五)など起こる。
		一〇月一日	中華人民共和国成立。
一九五〇	昭和二五年	一月一日	マッカーサー元帥、年頭の辞で「日本国憲法第九条は自己防衛の権利を否定せず」と声明。
		六月六日	マッカーサー、吉田首相宛書簡で、共産党中央委員徳田球一以下全員二四名の公職追放を指令。
		六月一七日	ダレス米国務省顧問来日、日本の再軍備を要求したが吉田は断る。ダレスはその後韓国へ。韓国視察後ふたたび来日(二一日)。マッカーサーと講和条約の構想について会談。
		六月二二日	ダレス、吉田首相らと会談。
		六月二五日	朝鮮戦争始まる。
		六月二八日	吉田内閣改造。
一九五一	昭和二六年	一月二五日	ダレスを特使とする講和使節団来日。
		一月二九日	吉田首相、ダレス特使と対日講和条約に関して会談。
		一月三一日	第二次会談。
		二月七日	第三次会談。
		四月一一日	トルーマン大統領、連合国最高司令官マッカーサーを解任。後任にリッジウェイ中将。

西暦	年	月日	事項
		四月一六日	マッカーサー離日。ダレス特使来日。
		四月一八日	ダレス、連合国最高司令官リッジウェイ、吉田首相と三者会談。
		八月六日	鳩山一郎ら追放解除。
		九月八日	対日平和条約調印（四九国）、ソ連・チェコスロバキア・ポーランド三国は調印を拒否。 日米安全保障条約調印（全権吉田茂）。
		一二月二六日	吉田内閣第三次改造（講和後の渉外担当に岡崎勝男国務相）。
一九五二	昭和二七年	一月一六日	国府との講和条約締結につき、ダレス国務省顧問宛吉田書簡（二六年一二月二四日付）を発表。
		四月二八日	対日平和条約・日米安全保障条約発効。
		五月一日	〝血のメーデー〟事件。
		七月三一日	保安庁法公布（警察予備隊を保安隊に編成、海上に警備隊を新設）。
		八月一日	保安庁発足。吉田首相が長官を兼任。
		八月二八日	衆議院抜打ち解散。
		一〇月二四日	吉田首班指名。
		一〇月三〇日	第四次吉田内閣成立（官房長官緒方竹虎）。
		一一月二八日	池田通産相「中小企業の倒産・自殺もやむを得ない」と失言し、池田通産相不信任案、衆議院で鳩山派二五名の欠席戦術のため可決。翌二九日、池田通産相辞任。
一九五三	昭和二八年	三月一四日	鳩山派二二名自由党を離脱。吉田内閣不信任案可決。衆議院

			解散（いわゆる〝バカヤロー解散〟）。
		四月一九日	総選挙。左右両派社会党が伸び、自由党は減少して過半数は得られなかったが、第一党は確保。
		五月一九日	衆議院、内閣総理大臣に吉田茂を指名。
		五月二一日	第五次吉田内閣成立。（国務相緒方竹虎、外相岡崎勝男）
		一〇月二日	防衛問題につき、池田勇人（吉田首相の私設特使）、ロバートソンと会談。アメリカ側は日本の自衛力増強を要請。日本側はこれを断る。
一九五四	昭和二九年	四月二一日	佐藤栄作幹事長の逮捕請求に対し、犬養法相は検察庁法第十四条に基づく指揮権を発動。
		六月三日	衆議院、国会会期延長をめぐり大混乱。左右両派社会党議員らは衆議院議長の入場を妨害し、乱闘事件となる。
		九月九日	ダレス米国務長官来日。吉田首相・岡崎外相と会談。
		九月二六日	吉田首相、欧米七カ国歴訪に出発。
		一一月一〇日	吉田・アイゼンハワー共同声明発表。
		一一月二六日	「日本民主党」結成。総裁鳩山一郎、副総裁重光葵、幹事長岸信介。
		一一月二八日	自由党議員総会。吉田総裁勇退を決定。
		一二月七日	吉田内閣総辞職。前後七年二カ月の吉田政権は終焉。
一九六三	昭和三八年	一〇月二三日	衆議院解散。吉田茂は立候補せず、議院生活から引退。
一九六七	昭和四二年	一〇月二〇日	死去。

主要引用文献

『宰相　吉田茂』高坂正堯　中央公論社　昭和四三年

『近代日本総合年表』第四版　岩波書店　平成一三年

資料提供　田島恭二
写真提供　田島恭二　毎日新聞社　PANA 通信社
写真撮影　松本博行

編集　山本則子・道川龍太郎
協力　遠樹舎

加藤恭子……かとう きょうこ

1929年、東京に生まれる。1953年、早稲田大学文学部仏文科卒業と同時に渡米・留学。
1957年、ワシントン大学修士号。フランス留学、再渡米を経て1961年、帰国。
1965年、早稲田大学大学院博士課程修了。1965年からマサチューセッツ大学。1973年から上智大学講師。
専門はフランス文学。現在、(財)地域社会研究所理事、「加藤恭子ノンフィクション・グループ」代表。
第43回日本エッセイスト・クラブ賞、第11回ヨゼフ・ロゲンドルフ賞、第65回文藝春秋読者賞受賞。
著書『英語を学ぶなら、こんなふうに』(NHKブックス)『アーサー王伝説紀行』(中公新書)
『「星の王子さま」をフランス語で読む』(ちくま学芸文庫)『やさしい英語のリスニング』(ジャパンタイムズ)
『日本を愛した科学者—スタンレー・ベネットの生涯』(ジャパンタイムズ)
『田島道治—昭和に「奉公」した生涯』(阪急コミュニケーションズ)
『ニューイングランドの民話』(共著、玉川大学出版部)『昭和天皇「謝罪詔勅草稿」の発見』(文藝春秋)
『直読英語の技術』(阪急コミュニケーションズ)など

昭和天皇と田島道治と吉田茂

初代宮内庁長官の「日記」と「文書」から

発行
2006年4月30日
初版第1刷発行

著者
加藤恭子

発行者
道川文夫

発行所
人文書館
〒151-0064　東京都渋谷区上原1丁目47番5号
電話 03-5453-2001(編集)　03-5453-2011(営業)
電送 03-5453-2004
http://www.zinbun-shokan.co.jp

ブックデザイン
鈴木一誌+仁川範子

印刷
三秀舎

製本
松岳社

ISBN 4-903174-04-2
Printed in Japan